Isa Vermehr

„Der Mensch – das Kostbarste!“

Erfahrungen und Gedanken

PLÖGER

Bibliografische Information der Deutschen Bibliothek:

Die Deutsche Bibliothek verzeichnet diese Publikation in der Deutschen Nationalbibliografie; detaillierte bibliografische Daten sind im Internet über http://dnb.ddb.de abrufbar.

Besuchen Sie uns im Internet: **www.ploeger-medien.de**

ISBN 978-3-89857-251-4

Redaktion: Elisabeth Prégardier, Oberhausen

Titelfoto: Renate Hofmann, Bonn

Gesamtherstellung: Plöger Medien GmbH, Annweiler 12/2008

Inhalt

Einleitung

„Schreib alles auf!“ empfahl Kurt Vermehren seiner Tochter Isa, als sie am 29.Juni 1945 nach 17 Monaten Abwesenheit auf einem amerikanischen Lastwagen wieder nach Hause zurückkehrte und „randvoll und pausenlos“ von ihren Erfahrungen in der Gestapohaft erzählte. Zwei Tage und zwei Nächte lang tippte Isa mit der Maschine 96 engbeschriebene Seiten und befreite sich so von ihrem überdimensionalen Stau. Diese 17 Monate glichen einem Zeitraffer, in dem eine ganze Ära komprimiert war und der zugleich den letzten Akt dieses Zeitdramas darstellte, den verlust- und opferreichen Untergang des verbrecherischen NS-Systems. Ein Verleger, der Kenntnis von diesem Bericht bekam, gab die Anregung, aus dieser Niederschrift ein Buch zu machen. Am Fest Allerheiligen/ Allerseelen 1945, also vier Monate nach der Rückkehr, war das Manuskript fertiggestellt, das im April 1946 in 10.000 Exemplaren gedruckt vorlag. Es trug den Titel „Reise durch den letzten Akt. Ein Bericht (10.02.44 - 29.6.45)“. Dieser Titel bezieht sich sowohl auf die räumlichen Entfernungen zwischen Lübeck, Potsdam, Ravensbrück, Buchenwald, Dachau und Südtirol, die Isa Vermehren zurücklegen musste, als auch auf ihren schauspielerisch geschulten, sensiblen Blick, der im Ablauf der Geschehnisse eine szenisch-dramatische Abfolge wahrnahm und sie fast fotografisch genau speicherte. Die Entkomprimierung und Entfaltung der Eindrücke und Erfahrungen dieser 17 Monaten ging weit über die Niederschrift dieses Buches hinaus und ist auch noch in den nachfolgenden Texten wahrzunehmen.

Diese Publikationen ist eines der frühesten Zeugnisse über die Situation insbesondere im KZ Ravensbrück, in dem Isa Vermehren fast 10 Monate als Sippenhäftling verbrachte, weil ihr Bruder aus dem diplomatischen Dienst von Ankara nach Ägypten geflohen war. Sie war gewissermaßen ein Faustpfand, eine Geisel in den Händen der Gestapo und wurde durch halb Europa verschleppt, bis sie am Prager Wildsee von amerikanischen Truppen befreit wurde und nach zweimonatiger Irrfahrt über Capri, Paris und Frankfurt a.M. wieder bei ihrer Familie ankam.

Das Buch wurde ein Bestseller und erreichte eine ungewöhnlich hohe Auflagenzahl. Wie ist das zu erklären? Ein junger Mensch mit sprachlich-schauspielerischer Begabung sieht sich und unzählige andere der NS-Vernichtungsmaschinerie ausgeliefert. Isa Vermehren verschließt nicht die Augen, zieht sich nicht in sich selbst zurück, um gewissermaßen ihr Ich zu retten. „In den Monaten, die mir gegeben waren, all diese Beobachtungen und Betrachtungen anzustellen, war es wirklich eine harte Arbeit, die vielen schlimmen Eindrücke hereinzulassen in den Bannkreis erkennender Liebe. Stunden und Tage innig bemühten Nachdenkens hat es gekostet, in den widerwärtigen Verzerrungen vor meinem Fenster das Gesicht des Menschen wiederzufinden, das uns die christliche Offenbarung als liebenswert anvertraut hat. … In der natürlichen Abwehr gegen die furchtbaren, von draußen hereindringenden Eindrücke tauchte immer wieder die Versuchung auf, sich einfach abzuwenden, das Fenster zuzumachen und ein Buch zu lesen. Das wäre der erste Schritt zu jener Stumpfheit gewesen, die gleichzeitig auch zur Dummheit führt: das, was ich nicht sehen will, werde ich auch nie begreifen können".

Isa Vermehren hat viel gesehen, viel begriffen, viel vermittelt. Sie kam auch in Verbindung mit dem Umfeld der mutigen Offiziere, die am 20. Juli 1944 Adolf Hitler töten wollten und nach dem Misslingen des Attentats sofort erschossen wurden. Zahlreiche Männer und auch Frauen des Widerstandes kamen als Sonderhäftlinge in den berüchtigten Zellenbau nach Ravensbrück. Für Isa Vermehren hat der 20. Juli in der Geschichte des deutschen Volkes eine wichtige Bedeutung. Unter den vielen mit dem Widerstand verbundenen Namen, die Isa Vermehren nennt, hat sie Jahre später in einer bewegenden Würdigung Helmuth von Moltke und seine Frau Freya besonders hervorgehoben.

Wer immer sich mit Isa Vermehren und ihrem Beitrag zur Zeitgeschichte befasst, sollte zunächst ihre Publikation „Reise durch den letzten Akt" lesen; sie ist einer der Schlüssel zu ihrer späteren Biographie und ihren Botschaften. Immer wieder bringt sie zum Ausdruck, dass diese 17 Monate ihren Entschluss zum Ordenseintritt, ihre Berufung zu einem radikalen Leben in der Christusnachfolge bestärkten und festigten. Wenn sie später über Ravensbrück und diese dunkle Seite der deutschen Geschichte schreibt, geht es ihr nicht um

Aufarbeitung mit dem Ziel bilanzierender Gerechtigkeit, sondern um das christliche Menschenbild, um Barmherzigkeit und Vergebung. In dieser Sicht trifft sie sich mit Gertrud von le Fort, die in einem ihrer Aufsätze schrieb:
„Unser neues, tief skeptisches Verhältnis zum Menschen bedeutet natürlich auch ein solches zum eigenen Volk. Unsere Illusionen über dieses Volk, unser Stolz auf dieses Volk sind, was seine zeitgenössische Erscheinung betrifft, gefallen, unsere Liebe zu ihm nicht. Sie ist vielmehr tiefer und mächtiger denn je... Christliche Liebe, das heißt: die ganze Fragwürdigkeit und Abgründigkeit des Menschen kennen und ihn dennoch lieben."

Die Fragwürdigkeit und Abgründigkeit des Menschen kennen – das war für Isa Vermehren eines der Ergebnisse aus dem Aufenthalt im Frauenkonzentrationslager Ravensbrück. Dieser Erfahrungsprozess ging weit über das Kennenlernen hinaus, er war ein Studium, dessen Gründlichkeit und Analytik Erstaunen hervorruft. Sein Ergebnis waren überzeugende Psychogramme der Häftlinge, der SS-Mannschaft, der berüchtigten Aufseherinnen. Isa Vermehrens Scharfblick entgeht nichts, auch nicht die Schwächen der Befreiten...

Der Künstler Christoph Wetzel hat vor einigen Jahren ein eindrucksvolles Porträt von Sr. Isa Vermehren gemalt. Zusammen mit zehn anderen Porträts prominenter Häftlinge ist es im Treppenhaus der ehemaligen Kommandantur der heutigen Mahn- und Gedenkstätte Ravensbrück zu sehen. Dem forschenden und mahnenden Blick der Porträtierten kann man sich nicht entziehen. Dieser Frau kann man nichts vormachen.

Aus den Erfahrungen dieser 17 Monate weitet Isa Vermehren ihren Blick auch auf Frauengestalten, deren Leben und Zeugnis sie als Botschaften Gottes in unsere Zeit hinein versteht. Edith Stein und Simone Weil vermitteln ihr unter dem Druck nationalsozialistischer Ideologie schmerzlich erfahrene Gottesverborgenheit, Gottesohnmacht und Gottesabwesenheit. Doch der im gewaltsamen Tod untergegangene Märtyrer wird in der Verbindung mit der Todesangst Christi in Gethsemani, seinem Sterben am Kreuz und seiner Auferstehung letztlich zum Sieger.

Die Sammlung der Ansprachen und Artikel von Sr. Isa Vermehren entstand aus meiner persönlichen Initiative als Dank für die durch sie erfahrene Ermutigung, Schicksale christlicher und jüdischer Frauen in der Zeit des Nationalsozialismus aufzuspüren, zu dokumentieren und zu publizieren. In diesen Publikationen spiegeln sich Situationen, die auch Sr. Vermehren beobachtet und erlebt hat. Viele Fragen nach dem, was ein Mensch ist und sein kann, bleiben auch weiterhin für mich offen. In den Gedanken und Deutungen von Sr. Vermehren habe ich allerdings Hilfe gefunden für die Hintergründigkeit des Menschen und die Sicht auf Geschichte und Geschehnisse.

In den letzten Jahren hat die Erinnerungskultur auf vielen Ebenen an Profil gewinnen. Hingewiesen sei auf die Festlegung des 27. Januar zum Gedenktag für alle Opfer des Nationalsozialismus und auf weitere geschichtsträchtige Daten im Laufe eines Jahres. Die Literatur über die zwölf dunklen Jahre in Deutschland und Europa ist angewachsen und füllt ganze Bibliotheken. Zahlreiche Institutionen sind für die Forschung und die Entwicklung pädagogischer Hilfen entstanden. Das Interesse gerade der jüngeren Generation für die Gedenkstätten in den ehemaligen Konzentrationslagern und an anderen Orten des Grauens nimmt zu. Zu ihrer Begleitung wurden bemerkenswerte Programme entwickelt. Über das Internet kann heute jeder Interessierte umfassende Informationen abrufen. In der Deutung dieser Informationen und ihrer Zuweisung in den eigenen Lebenszusammenhang bleibt der Interessierte auf helfende Stimmen angewiesen, unter denen Isa Vermehren einen wichtigen Stellenwert hat. Sie hat schon früh ihre Stimme erhoben, und sie ist eine der letzten Zeitzeuginnen. Sie hat grundsätzliche Aussagen zu einer Erinnerungskultur gemacht, die sie selber als die Aufgabe „Aus Vergangenheit muss Zukunft werden“ kennzeichnete. In ihrer persönlichen Bescheidenheit hat sie selbst ihre verstreut edierten Artikel nicht gesammelt. An dieser Stelle sei nochmals zitiert, was sie schon 1945 in ihrem Vorwort zur „Reise durch den letzten Akt“ gesagt hat: „Wollen wir aber einmal wieder in menschenwürdigen Zuständen leben, so müssen wir zuerst und vor allem anderen uns darauf besinnen, dass der Mensch das Kostbarste ist, was es auf der Welt gibt. Und ich glaube, wir tun gut daran, das vordringlichste Merkmal dieser Kostbarkeit in seiner äußeren, mehr noch in seiner inneren Verwundbarkeit zu erkennen.“

Elisabeth Prégardier

VON RAVENSBRÜCK BIS NIEDERDORF

Reise durch den letzten Akt

Und vergib uns unsere Schuld,
wie auch wir vergeben unseren Schuldigern

Vorwort 1945

Die folgenden Seiten wollen kein Buch im literarisch abgerundeten Sinne sein, sondern sie sind – wie der Untertitel es besagt – ein Bericht über einen bestimmten Zeitabschnitt, d. h. über meine Eindrücke aus der Zeit meiner Haft bei der Gestapo. Es war dabei nicht meine Absicht, eine sensationsträchtige Reportage zu schreiben „Hinter Stacheldraht und Gittern" oder „In den Klauen der Gestapo", sondern – viel harmloser – ich wollte niederschreiben, was ich gesehen und gedacht habe.

Zwei Gedanken haben mich vor allem zu dieser Arbeit bewogen: einmal der, dass es noch immer so erschreckend viele Menschen gibt, die nicht glauben können und wollen, dass hinter den glorreichen Kulissen der Nazipropaganda wirklich Ströme von unschuldig vergossenem Blut geflossen sind. In dem dringenden Anliegen, diese Ungläubigen endlich zu widerlegen und zu überzeugen, mag auch ein Versuch wie der vorliegende seinen gerechtfertigten Platz finden können.

Zum anderen möchten die folgenden Zeilen helfen, Wert und Bedeutung des einzelnen Menschen wieder ein wenig mehr in den Mittelpunkt der allgemeinen Diskussion zu rücken. Es ist an der Zeit, sich endgültig loszumachen von dem harmlos optimistischen Bilde des natürlicherweise „guten" Menschen – die letzten Jahre haben diese oberflächliche Ansicht zu grausam ad absurdum geführt, als dass man noch wagen dürfte, ihr bedenkenlos zutrauen. Unter dem verhängnisvollen Einfluss der vernunftlosen Propaganda der letzten zwölf Jahre ist das Bewusstsein von der Würde des Menschen in einem beängstigenden Ausmaße verlorengegangen. Wollen wir aber einmal wieder in menschenwürdigen Zuständen leben, so müssen wir zuerst und vor allem anderen uns darauf besinnen, dass der Mensch das Kostbarste ist, was es auf der Welt gibt. Und ich glaube, wir tun gut daran, das vordringlichste Merkmal dieser Kostbarkeit in seiner äußeren, mehr noch in seiner inneren Verwundbarkeit zu erkennen.

Der Bericht will in dem, was er an Sachlichem bringt, beitragen zur Aufklärung des betrogenen Volkes; soweit er sich um eine Interpretation bemüht, sucht er Freunde für die hier angewandte Methode zugewinnen: mit der Sonde verzeihender Liebe das Unrecht zu bekämpfen, um nicht neues auf sich zu laden.

Die Bitte aus dem Vaterunser, die dem Bericht vorangestellt ist, soll auch für den Leser Ausgangspunkt sein – sie ist Anfang und Ende aller Bemühungen.

Allerheiligen, Allerseelen 1945 – Isa Vermehren

Schlusswort 1945

Die Menschheit hat schon einmal versucht, sich ein Memento aufzurichten, das sie vor neuem Unheil behüten sollte: auf der ganzen Welt wurden alljährlich die Kränze am Grabmal des unbekannten Soldaten niedergelegt. Aber es hat sie nicht davor bewahren können, ein zweites Mal mit der Waffe gegeneinander das gemeinsame Problem des Friedens auszuhandeln. Der Krieg ist zu Ende, und ist das Problem gelöst? Wohl kaum. Abgründiger, umfassender, unlösbarer ist es geworden; von neuem ist die Welt überflutet von Assoziationen des Krieges, des Mordes, der Rache, der Angst, und schwer wird es dem einzelnen, Gedanken des Friedens zu denken. Keiner wagt es, ganz sich aufzurichten aus der Haltung sprungbereiter Defensive, und es duckt sich das Herz unter der Last des bevorstehenden Leidens, aber es hilft ihm nichts: das Leid ist die einzige Ordnung, aus der der Friede erwachsen kann, denn nur ihm ist gesegnete Fruchtbarkeit beschieden.

Sein Anfang ist das Leid um die eigene Schuld in diesem grausamen Spiele; die eigene Bedeutung kann nicht so weit geleugnet werden, dass man meint, sich ausschließen zu können aus dem Nostra culpa aller Menschen. Wieviel Schuld liegt immer wieder im Zuwenig des Geleisteten, wieviel Verwirrung ist erwachsen aus der Zwiespältigkeit der Handlungen, wieviel Gutes versäumt worden durch feige Unentschlossenheit, mangelnde Großmut, verantwortungslose Unernsthaftigkeit – übergenug Schuld findet sich hier für ein klares Mea culpa. Seine zweite Quelle und Aufgabe findet das Leid im Schicksal des Nächsten: Sittlichkeit und Gerechtigkeit können nicht durch autoritäre Staatsmaßnahmen ersetzt werden, so wie man Barmherzigkeit und Liebe nicht organisieren kann. Nur das Leiden, das Mitleiden im eigenen Herzen kann mich bewahren, durch Lieblosigkeit den Grundstein zu neuer Feindschaft zu legen. Mit der Feststellung der Zahlenwerte der Not ist kaum ein Auftakt geleistet zu ihrer Bekämpfung; in ihrer eigentlichen Tiefe ist sie angewiesen auf das Erbarmen, das das Herz des einzelnen zu leisten vermag, denn nur aus ihm erklingt die liebevolle, bejahende Antwort auf die bange Frage des anderen nach seinem Wert. In der Hand eines schlechten Spielers wird auch die schönste Geige nur krächzende Mißtöne von sich geben, die unter dem Bogen eines behutsamen Meisters voll schönster Klänge steckt – den Wert des Instrumentes bestimmte der Baumeister. Den Wert des Menschen bestimmte sein Schöpfer, und ihm gilt es zu entsprechen, unabhängig von aller weltanschaulichen und politischen Gegnerschaft.

Ein Demokrat, ein Kommunist, ein Christ, ein Nationalsozialist – als Menschen sind sie alle gleich viel oder gleich wenig wert, dieser Unterschied der Nomination sagt darüber nichts aus. Ein Qualitätsunterschied tritt objektiv gesehen erst dort auf, wo der Wert der von ihnen vertretenen Ansichten eine solche Divergenz aufweist; subjektiv kann man zu einer Qualifikation wohl nur kommen – und es empfiehlt sich, dabei größte Vorsicht walten zu lassen, wenn man sich keiner Ungerechtigkeit schuldig machen will –, indem man festzustellen versucht, in welchem Maße der einzelne zuerst in der Wahl seiner Anschauung und dann in der Verwirklichung derselben den für jeden Menschen geltenden Forderungen nach ernsthaftem Bemühen um rechte Erkenntnis, nach Lauterkeit der Motive und Treue gegenüber den beschworenen Idealen – kurz, der Grundregel sittlichen Verhaltens – nach bestem Wissen und Gewissen zu handeln entsprochen hat. Erst in der Bestätigung dieses grundsätzlichen Wertes erwächst ihm mit dem Bewusstsein der Würde auch das Gefühl der Verpflichtung. Was Vermessenheit und Lieblosigkeit angerichtet haben, kann nur durch Demut und Liebe wiedergutgemacht werden: Liebe zur Wahrheit und zum Nächsten und dem mutigen Dienst an beidem. Diese Wandlung muss der einzelne in sich selber vollziehen, sie kann nicht von oben diktiert werden.

Vergib uns, Herr, was wir einander Entsetzliches angetan haben, dass wir so furchtbar dein Bild im anderen angegriffen und zerstört haben, dass wir die Würde geschändet und die Seele getötet haben; vergib uns, wie auch wir denen vergeben wollen, die im Vollzuge des Bösen sich so grausam an uns und unseren Brüdern und Schwestern versündigt haben, und bewahre du uns vor dem vergangenen, dem gegenwärtigen, dem zukünftigen Übel – und in das Seufzen der bitteren Reue erklingt aus großer Ferne die trostreiche Antwort «von dem Ersten und Letzten, der tot war und wieder lebendig wurde: Ich kenne deine Bedrängnis und deine Armut; – doch du bist reich!“

Vorwort zur Neuausgabe 1979

Seit Holocaust bewegen uns wieder die Fragen: wie war es möglich? Wie konnte das geschehen? Was waren das damals, was waren wir damals für Menschen, dass wir mit anderen Menschen so umgegangen sind?

Das vorliegende Buch stellte in der Reihe der ersten, die nach dem Ende des Krieges zu diesem Thema erscheinen durften, einen Versuch dar, die KZ-Wirklichkeit ganz zu sehen, zu erklären, zu verstehen, vor allem die Menschen im KZ, nicht nur die Häftlinge, auch die Aufseher. So verdichtet sich dieser Bericht stellenweise zu einer bohrenden Untersuchung, die vielleicht auch heute noch dem einen oder anderen helfen kann, sich tiefer in das komplexe Gefüge von Schuld und Unschuld hineinzudenken, in das wir alle verstrickt waren, in das unergründliche Zusammenspiel von propagiertem Größenwahn und individuellem Kleinstformat, von persönlichem Irrtum und gemeinsamer Lüge, von nihilistischem Zerstörungswillen und geheimer Sehnsucht nach Vollendung.

Dem Bericht wurde – nach so langen Jahren – nichts hinzugefügt, und nichts wurde weggestrichen. So wie der Text damals als Ergebnis eines intensiven Mühens um eine gerechte, dem einzelnen Menschen gerechtwerdende Darstellung schließlich dem Verleger übergeben wurde, so soll er auch heute wieder hinausgehen, ungeachtet seiner literarischen Schwächen, ungeachtet auch der Tatsache, dass er vielleicht einige Aussagen enthält, die von der Forschung inzwischen korrigiert wurden. Es geht heute so wenig wie damals um ein ästhetisches oder ein historisches Werk: es ging und geht um ein Zeugnis für das, „was im Menschen ist".

Dass ich persönlich nur einen winzigen Ausschnitt dieser unermesslichen KZ-Landschaft zu sehen bekam, dass mein eigenes Schicksal in dieser Umgebung ohne tragischen Höhepunkt verlief, ja, mich eigentlich von Anfang bis Ende in der Rolle des Zuschauers beließ, zieht der Bedeutung dieses Beitrages gewiss klare Grenzen, ohne seine Authentizität schmälern zu können.

Ich würde wünschen, dass vor allem jüngere Menschen, denen ich durch meine erzieherische Tätigkeit seit vielen Jahren eng verbunden bin, sich von diesem kleinen Band anregen lassen zu einem selbständigen Urteil über den Menschen und alles, was zu ihm gehört: nicht nur seine sichtbare Welt mit ihren faszinierenden Möglichkeiten, auch die unsichtbare, als seine letzte, alles durchdringende Wirklichkeit.

Hamburg, Mai 1979, Isa Vermehren rscj

Hat Ravensbrück noch eine Botschaft für uns?

Da ich selber das entsetzliche Dasein jener Frauen, die im Konzentrationslager Ravensbrück gelitten haben, oder gestorben sind, nicht wirklich geteilt habe, sondern nur durch ein Fenster vom Zellenbau aus beobachten konnte, bin ich zwar Augenzeuge der Unmenschlichkeit, von der das Leben auch in diesem Frauen-KZ bestimmt war, aber nicht eine wirklich Betroffene, Verwundete, an Leib und Seele Gezeichnete.

Bedarf es heute noch der Zeugenschaft für lange zurückliegende Verbrechen gegen die Menschlichkeit, wenn diese offenbar zum eisernen Repertoire politischen Handelns gehören, zum täglichen Stoff unserer Zeitungen, von unseren Fernsehanstalten in den Nachrichten oder im Film ausgestrahlt werden?
Ich möchte die Antwort von drei Gesichtspunkten aus geben:

- Ravensbrück hat für uns eine politische Botschaft
- eine moralische und
- eine metaphysische Botschaft.

I. Die politische Botschaft von Ravensbrück

Eine immer wieder gestellte Frage angesichts der halb Europa verwüstenden 12 Jahre der Naziherrschaft ist die Frage:
Wie konnte es dazu kommen?

Bei jüngeren Fragestellern schwingt leiser Zweifel mit: war es wirklich so schlimm? War wirklich alles so verkehrt? Hitler hatte doch auch Erfolge, in seinen Anfangsjahren konnte der Nationalsozialismus große positive Leistungen aufweisen, um die wir von unseren Nachbarstaaten beneidet wurden. Muss man überdies nicht zugeben, dass die Verhältnisse in Deutschland, als Hitler zur Macht kam, so chaotisch, so unmittelbar vor einem Bürgerkrieg waren, dass nur eine starke Führung wieder Ordnung in dieses Chaos bringen konnte?
Hitlers Innen- und Außenpolitik war bis zur gewaltsamen Einverleibung des Sudetenlandes im Oktober 1938 eine steile Erfolgskurve, die die verräterischen dunklen Machenschaften vergessen ließ, von denen sein Weg von Anfang an gesäumt war: die rasche Auflösung

unseres Rechtsstaates durch die ideologische sowie juridische Rückbindung aller staatlichen Autorität allein an die Person des Führers – die Kulturschande vom Mai 1933, als Werke der sogenannten entarteten Kunst und Literatur öffentlich verbrannt wurden – 1934 die Mordserie im Zusammenhang mit dem Röhmputsch ohne jede Art von Untersuchung oder Gerichtsverhandlung – die Nürnberger Rassengesetze von 1935 – der offene Kirchenkampf – die öffentliche Diffamierung der Juden und, wie wohl jedermann wusste, obgleich es jeder auch leugnete, die wachsende Zahl von Konzentrationslagern. Hinter klingendem Spiel, hinter der rührenden Fassade von Fahrten nach Mallorca mit „Kraft durch Freude“ hinter fabelhaft inszenierten Paraden, Aufmärschen, Parteitagen, hinter einem Wald von blutroten Hakenkreuzfahnen ist – für die meisten unsichtbar – von Anfang an auch Blut geflossen, viel Blut. Jahrelang haben die gutgläubigen Massen gemeint, das sei ein notwendiger Tribut an die Wende zum Guten – wo gehobelt wird, da fallen eben Späne.

Es bedurfte erst der Niederlage, ja, es bedurfte der Öffnung der Konzentrationslager nach Kriegsende, um die tiefsten Quellen der Macht bloßzulegen, aus denen Hitler und seine Komplizen geschöpft hatten! Ruhmsucht und Größenwahn waren die ersten Triebfedern, die von der unermüdlichen Propaganda täglich neu in Bewegung gesetzt wurden. Davon haben viele Deutsche sich willig ergreifen und beflügeln lassen; die sogenannte Schande des Friedensvertrages von Versailles nach dem Ersten Weltkrieg saß wie eine tiefe, unverheilte Wunde im Herzen des Volkes.

Die beiden anderen Kraftströme des Nationalsozialismus heißen Lüge und Gewalt – sie sind seit Anbeginn unserer Menschheitsgeschichte die unverwechselbaren Spielarten des Bösen schlechthin. Nur wenige hatten damit gerechnet, kaum jemand konnte es sich erdenken, dass in unserem Land, in dem jeder lesen und schreiben konnte, in dem jeder in der Schulzeit seinen Katechismus und das Vaterunser gelernt hatte, in dem jeder wenigstens die Namen von Goethe oder Beethoven einmal gehört hatte: kurz, dass in einer Nation mit so reichen Kulturschätzen, einem hohen Bildungsniveau, einer großen, buntgefächerten Geschichte, einem intakten Beamtenapparat und einem unübersehbaren Netz von internationalen Beziehungen auf allen Ebenen, dass innerhalb von wenigen Tagen Lüge und Gewalt die Herrschaft übernehmen würden. Die Herrschaft übernehmen konnten, ohne dass jemand sie daran hindern würde ...

Nach meiner Erfahrung ist es die Angst vor physischer Gewaltanwendung, die jeden demoralisiert, der sich nicht innerlich auf diesen Angriff vorbereitet und gegen ihn gewappnet hat. Vorbereitet zum Zuschlagen war die riesige Privatarmee der Nationalsozialisten; gewappnet gegen diesen Angriff oder vor ihm geflohen waren nur ganz wenige.

Schon in der Nacht nach Hitlers Berufung zum Reichskanzler, am 30. Januar 1933 wurden die prominenten Mitglieder der kommunistischen und der sozialdemokratischen Partei von den Schlägertrupps der SA aus ihren Häusern geholt, in Schlägereien verwickelt und in irgendein Gefängnis oder ein provisorisches Lager gebracht. Seit dem Ermächtigungsgesetz (28. Februar 1933) gab es dann offiziell die Einrichtung der sogenannten „Schutzhaft" und damit verbunden das Recht, jeden, der dem Regierenden nicht recht war, in eines der Lager einzuweisen: das Volk muss vor den Volksverderbern geschützt werden – die Volksverderber vor der Wut des Volkes.

Konzentrationslager (KZ)

Konzentrationslager waren Massenlager, die in sich Merkmale eines Arbeits-, Internierungs-, Kriegsgefangenenlagers vereinigen, sowie Merkmale des Gefängnisses und des Ghettos.

In den ersten Jahren wurden diese Lager (besonders Dachau) unbefangen in den Zeitungen gerühmt als eine Stätte, in der sozial oder politisch verkommene Elemente wieder einer nützlichen Tätigkeit und einer Erziehung zu Zucht und Ordnung zugeführt würden. Für diesen quasi pädagogischen Auftrag wurden z. B. auch die Aufseherinnen für Ravensbrück geworben. In den ersten Jahren, d. h. bis zum Kriegsbeginn 1939 mögen Unterbringung, Lebens- und Arbeitsverhältnisse noch einigermaßen überschaubar gewesen sein. Bis dahin gab es im Reichsgebiet 3 große sogenannte Stammlager mit Außenstellen, zu denen insgesamt rund 20.000 Häftlinge gehörten, und etwa 25 kleinere Lager mit je 1.000 Gefangenen.

Dennoch war von Anfang an ein rüder, brutaler Sadismus in der Behandlung der Inhaftierten – bei den Verhören, den täglichen Begegnungen, an den Arbeitsplätzen, im Krankheitsfalle – das hervorstechende Merkmal dieser nationalsozialistischen Einrichtung.

Eindeutige Tendenz dieser Vorgehensweise war die Vernichtung der Persönlichkeit. Diese Absicht kommt schon überdeutlich in der Unterschiedslosigkeit zum Ausdruck, mit der Kriminelle und Intellektuelle, alte und junge, starke und schwache Menschen, asoziale Elemente und hochkultivierte in einen Schmelztiegel geworfen wurden, in dem nur die wenigsten Aussicht aufs Überleben hatten – moralisch und physisch. Mit dem Beginn des Krieges stieg die Zahl der Häftlinge sprunghaft an, auch die Zahl der Lager vergrößerte sich, aber keineswegs in dem eigentlich benötigten Umfang, so dass es in den Lagern zu rücksichtslosen Überbelegungen kam. Entsprechend unzureichend waren die hygienischen Verhältnisse, die Ernährung, von einer hinlänglichen ärztlichen Versorgung konnte sowieso nie die Rede sein. Die Gesamtzahl der KZ-Häftlinge liegt nach offiziellen Schätzungen über 7 Millionen, von denen nur 530.000 überlebten.

Das Lager Ravensbrück hatte am 1. September 1939 2.500 Häftlinge, am 31. Dezember 1942 waren es 8.500, am 31. Dezember 1943 hatte sich die Zahl fast verdoppelt (15.100), am 31. Dezember 1944 waren es 43.733 Männer und Frauen, die z.T. in Außenstellen leben und arbeiten mussten. Die Zahl der täglichen Toten liegt bei 30 bis 40; tot, weil verhungert, verelendet, an Krankheit gestorben, an den Folgen körperlicher Mißhandlung, durch Selbstmord usw. Eine furchtbare Fleckfieberepidemie forderte Ende 1944 monatlich bis zu tausend und mehr Todesopfer.

Ravensbrück erhielt noch in den ersten Monaten 1945 eine eigene Vergasungseinrichtung, nachdem in den vorausliegenden Jahren schon in unregelmäßigen Abständen Frauen zu diesem entsetzlichen Tötungsverfahren in anderen Anstalten selektiert worden waren. Der Lagerarzt, Dr. Mennecke – er beging nach dem Krieg im Hamburger Untersuchungsgefängnis Selbstmord – hat mühelos täglich seine hundert ärztlichen Todesbescheinigungen ausgestellt.

Das Selektionsverfahren war einfach genug: die Frauen mussten nackt an einem Ärzte- und SS-Komitee langsam vorbei defilieren und wurden dann nach rechts oder links ausgesondert, je nach vermuteter Beschaffenheit ihrer physischen Arbeitskraft. Abgemagert und verelendet, wie sie alle waren, mit wunden Füßen, aufgerissenen Händen, Hungerödemen an den Beinen, von Unterernährung geblähten Leibern, kamen stattliche Zahlen (bis zu 2.000) auf der Negativseite heraus: ohne jede Schonung, ohne jede Rücksicht auf menschliche Bindungen wie die einer Mutter an ihr Kind, einer Tochter an ihre Mutter, einer gesunden Frau zu einer älteren kranken Kameradin – nichts dergleichen zählte. Vielmehr kommentierten die Machthaber diesen tief beschämenden Aufmarsch mit entsprechend zynischen Bemerkungen.

„Terror als Herrschaftssystem"

Diese wenigen Tatsachen sind nicht Zufall, auch keine Besonderheit von Ravensbrück, sondern es war Methode, gehörte zum System, war organisierter, gewollter, kalt berechneter Terror. „Terror als Herrschaftssystem", so überschreibt Eugen Kogon den ersten Abschnitt seines berühmt gewordenen Buches über den SS-Staat.

Wir haben heute die Möglichkeit, verschiedene Modelle von Terrorregimen miteinander zu vergleichen: bisher am längsten hatte sich das leninistisch-stalinistische in Russland gehalten, immerhin siebzig Jahre. Gestützt von ihm die ähnlichen Systeme in ganz Osteuropa einschließlich der ehemaligen DDR. Die relative Langlebigkeit des russischen Staatsterrors führe ich zurück auf die Plausibilität der mit ihm verbundenen marxistischen Ideologie, die von einer Generation an die andere weitergegeben werden konnte. Die Kurzlebigkeit der Hitlerdiktatur war vorprogrammiert durch die Hypertrophierung und Mystifizierung der Person des Führers.

Gewiss war Adolf Hitler nicht der einzige, der sich zur Errichtung seines Staates der Lüge und Gewalt bediente. Aber im Unterschied zu anderen Diktatoren vergeudete er die Flutwelle der von ihm geweckten Energien sofort in einem selbstmörderischen Angriffskrieg, dessen zunehmende Aussichtslosigkeit immer härtere Maßnahmen gegen die Zivilbevölkerung und auch die Gefangenen, welcher Herkunft auch immer, rechtfertigten. Bis in die letzten Kriegstage hinein drohte einem die Guillotine, wenn man den „Glauben an den Führer“ oder den „Sieg des Vaterlandes“ anzutasten wagte.

Beide Systeme lehren uns, dass man mit Terror allein weder eine Ordnung herstellen, noch sie auf Dauer erhalten kann. In unserem deutschen Fall wurden wir selbst sein erstes Opfer, im Falle Russland stumpfte mit der Zeit die Angst ab und mit ihr auch die Waffe.
Von beiden Systemen erhalten wir aber auch ernste Warnungen, uns den Sieg gegenüber einem solchen System oder auch nur das Bestehen vor ihm nicht zu leicht vorzustellen.

II. Die moralische Botschaft von Ravensbrück

„Nicht das Maß seines Leidens macht den Märtyrer aus, sondern der Grund, für den er leidet!" (Non poena, sed causa facit martyres). Ausgehend von diesem Satz des heiligen Augustinus will ich übergehen zur moralischen Botschaft, die Ravensbrück für uns auch heute noch hat.

Kann man ein Bild von dem Menschen entwerfen, der zu dieser Hölle auf Erden gehört? Von jenen, die diese Hölle entfachten und den anderen, die an ihr zugrunde gingen und nochmals von jenen wenigen Auserlesenen, die in dieser Hölle bestanden? Die Skala der Physiognomien reicht von der Fratze des Untermenschen bis zu den edlen Zügen des Übermenschen, vom entstellten Antlitz des Teufels bis zur Ikone eines Heiligen.

Soweit diesbezügliche Untersuchungen möglich waren, stammte das aktive Personal der Wach- und Aufsichtsmannschaften in den Konzentrationslagern aus den Reihen der SA, des SD und der SS. Sehr viele von ihnen waren vor ihrem Anschluss an die NSDAP arbeitslos gewesen, hatten einen niedrigen Bildungsgrad, oft auch einen niedrigen Intelligenzquotienten, eine unbefriedigende Kindheit und Jugend hinter sich: sie waren disponiert zur Rache der Zukurzgekommenen. Sie konnten sich einbilden, die neue Oberschicht zu sein, die sich nun an den Mitgliedern der alten Oberschicht schadlos halten durfte für alles bisher Entbehrte und Vermisste. Viel von dem Sadismus, der sich in den KZ's an den Häftlingen niederschlug, muss aus diesem sozialen Minderwertigkeitskomplex und dem damit verbundenen Kompensationswillen erklärt werden.

Indirekt gesteigert wurden Zynismus und Sarkasmus durch die permanente Kontrolle, die alle Mitglieder dieser sogenannten Elite-Organisation über einander ausübten. Bei vielen kam wohl auch eine uneingestandene Angst aus den Resten eines eigenen Gewissens hinzu: dass man nicht ungestraft so viel Böses tun oder mitansehen könne, wie es tatsächlich geschah. Diese Angst mußte niedergehalten werden durch ein doppelt forsches Auftreten. Den Preis zahlten die Gefangenen.

Die von Hitlers Propaganda eingehämmerte Wertvorstellung war denkbar primitiv: gut ist, was dem Volke nützt. Wer nicht zum Volk gehört, ist unser Feind; unser Volk ist die Herrenrasse, die anderen Völker sind Menschen zweiter Klasse oder gar Untermenschen, die wie Ungeziefer vernichtet werden müssen. Die Insassen in den Konzentrationslagern zählten größtenteils in den Augen ihrer Bewacher in diese dritte Kategorie. Die Behandlung war entsprechend.

Es ist oft gefragt worden, warum es nie zu einer Revolte in den Konzentrationslagern gekommen ist, besonders in den letzten Jahren nicht, als die Häftlinge zahlenmäßig ihren Bewachern um ein vielfaches überlegen waren?

Vier Gründe, meine ich, muss man nennen, um die Frage zu beantworten: die Häftlinge hatten keine Waffen, sie hatten physisch keine Reserven mehr, sie hatten durchweg moralisch nicht mehr das nötige Selbstbewusstsein und vor allem, sie hatten keinen ausreichenden Rückhalt untereinander. Jeder Versuch eines organisierten Widerstandes seitens der Häftlinge wäre von eben denselben Häftlingen verraten worden.

Das Leben der Häftlinge untereinander war ein stummes Ringen aller gegen alle: wie wenn beim Untergang eines überfüllten Passagierdampfers zu viele Menschen auf einmal ins Wasser fallen und jeder sich nun vor dem Ertrinken zu retten versucht, indem er sich erbarmungslos auf die Schultern der neben ihm um ihr Leben Kämpfenden stützt.
Am Tag, an dem der Mensch zum Sklaven wird, verliert er die Hälfte

seiner Seele, lautet eine Erfahrungsweisheit aus dem alten Griechenland. Ein Sklave gehört nicht mehr sich selbst, er ist seines Eigenwertes, seiner Selbstverfügung beraubt, er verfällt der Nichtachtung seiner Mitmenschen. Man kann sich den Schock, der damit für das eigene Lebensgefühl verbunden ist, gar nicht groß genug denken – man verliert ganz einfach den Boden unter den Füßen. Woran findet der Fallende, der Ausgestoßene Halt?

Man könnte eine Art Typenlehre der Häftlinge entwickeln, die in sehr unterschiedlicher Weise auf diesen Schock reagierten. Ein großer Teil, zumal der sensiblen oder antriebsschwachen, physisch anfälligen Männer und Frauen, verfielen einer Lethargie, die sie zu einer willenlosen Masse machte, die alles mit sich geschehen und über sich ergehen ließ. Diesen war von vornherein keine lange Lebensdauer beschieden; eine statistische Zahl sagt: im Schnitt neun Monate. Andere fanden neue Lebenskraft in der alten Faustregel: wie du mir, so ich dir! Natürlich gab es Mittel und Wege, sich kleine Vorteile im Lager zu verschaffen: eine zusätzliche Brotration, eine einfachere Arbeit, einen besseren Bettplatz u. dgl. Wer die stärkeren Ellenbogen hatte, den skrupelloseren Egoismus, die größere Unverschämtheit im Lügen und Verleumden, der machte das Rennen. So wogte unter der Decke ein beständiger Kampf zwischen einzelnen Gefangenen, einzelnen Cliquen, politisch oder national gefärbten Gruppen.

Manche Häftlinge, die sich gänzlich in die Hand der Lagerleitung gegeben hatten, waren gefürchteter als die eigentlichen Aufseher selber: ihr falsches Spiel zwischen Kumpel und Spitzel war undurchschaubar und hoch gefährlich.

Zwischen all diesen diversen Blöcken, Strömungen, Gruppierungen gab es wie Türme, die fest in der Brandung stehen, einzelne, meist alteingesessene Frauen und Männer, die vor allem den Neuankömmlingen in echter Fürsorge zu helfen versuchten, sich in dieser neuen Welt zurechtzufinden. Wohin gehört die Anpassung und wohin der innere Widerstand, wenn man den äußeren schon nicht leisten kann?

Bewahre dir die Achtung vor dir selbst, wenn keiner sonst vor dir mehr Achtung hat. Halte auf dich, lass dich nicht gehen, weder innerlich noch äußerlich! Hilf deinem Nächsten und verrate keinen um deines Vorteils willen, verrate vor allem auch dich selbst und dein Gewissen nicht um irgendeines Privileges willen, du verlierst dabei mehr als du gewinnst! Halte fest an deiner Hochschätzung des Menschen, indem du nicht aufhörst, den anderen zu achten, auch wenn er dein Peiniger ist – selbst wenn du sein Opfer bist, so bist du dennoch nicht sein Richter!

Wir können diese moralische Botschaft auf die Kurzformel bringen: handle nach deinem Gewissen! Aber ihr muss vorgeschaltet werden die Forderung: Bilde dein Gewissen! Und dies impliziert die Frage: woran sollen wir es bilden? Haben wir es gebildet? Woran wird Gewissen heute gebildet, wurde es damals gebildet? Hat Gewissen überhaupt noch die Kraft, seine eigentliche Funktion auszuüben, uns zum Gutestun zu bestimmen und vor Unrechttun zu bewahren? Oder haben unsere komplizierten soziologischen und psychologischen Reflexionen „Feiglinge aus uns allen gemacht", so dass wir wie fühlerlose Insekten orientierungslos durch unser Leben torkeln – immer im Schlepptau der gerade herrschenden Meinung?

Gewissen bindet uns an moralische Werte. Eine Gesellschaft ohne einen gewissen Wertekonsens hinsichtlich dessen, was sittlich gesollt und vom einzelnen gefordert werden muss, ist dem Untergang geweiht. Der von den Nationalsozialisten aufgestellte Wertekanon war eindeutig zu eng, zu kurzsichtig, war ein verführerischer Unwertkanon, wobei man jeden nur bedauern kann, der darauf reingefallen ist, der dafür sein Leben gegeben hat.

Ob unser heutiger Wertekanon ausreichen würde, dem einzelnen zu helfen, Herausforderungen wie die genannten zu bestehen, bezweifle ich. Die Freiheit, die heute so groß geschrieben wird, ist ja nur Voraussetzung für Wertentscheidung, nicht etwa eine Entbindung davon!
Nach meiner Erfahrung, die nachgerade einen sehr bewegten Abschnitt unserer eigenen Geschichte umfasst, in dem die Ideale, denen man dienen wollte, fast alle zehn Jahre ausgewechselt wurden, und auch auf Grund meiner katholischen Glaubensüberzeugung können moralische Qualitäten nur in enger Bindung an den Gott der Offenbarung gewonnen werden.

III. Metaphysische Botschaft von Ravensbrück

Ravensbrück hat auch eine metaphysische Botschaft für uns. Für ihre Darlegung knüpfe ich bewusst an den 20. Juli 1944 an mit seinem ebenso heroischen wie tragisch mißglückten Attentat auf Hitler. Es gehört deshalb in unseren Zusammenhang, weil es die Erinnerung an eine aus tiefster Gewissensnot hervorgehenden Revolte festhält, durchgeführt von der einzigen Gruppe im Lande, die die dazu nötigen Mittel besaß, vom Militär, durchgeführt aber auch von jener Gruppe, die die schwersten moralischen Bedenken zu überwinden hatte, um sieh zu dieser Tat zu entschließen. D. h. die moralischen Motive, aus der heraus die Männer und Frauen des 20. Juli gehandelt haben, hatten in ihren Augen Recht und Bestand vor Gott und den Menschen, die Tat mußte geschehen, um vor Gott und den Menschen Zeugnis dafür abzulegen, dass der Unterscheidungssinn für Gut und Böse in unserem Volk nicht gänzlich erloschen war.

Alle Beteiligten haben sich in ihrer Verteidigung vor dem Volksgerichtshof oder in ihren Abschiedsbriefen auf die Pflicht berufen, die ihr Gewissen ihnen auferlegte, eine Pflicht, deren Rechtmäßigkeit sie wieder und wieder vor den Augen Gottes geprüft hatten, die sie auch prüfen mussten vor den Pflichten, die sie ihrer Familie gegenüber hatten, ihrem Stand, ihrem Volk und Vaterland. Und gerade, um vor diesem Volk und Vaterland ein Mahnmal aufzurichten, um all den machtlosen, aber konsequenten Feinden des Naziregimes als Identifizierungsmöglichkeit zu dienen, um gegen den ganzen schwulstigen Führermythos, das Rassen- und Herrenvolksgefasel die nüchterne Botschaft vom richtenden und rettenden Gott zu setzen, darum mußte das geschehen und ist es ja auch geschehen!

Niemand weiß, wieviele in ihrem Herzen aufgejubelt haben: endlich wird diesem Mörder das Handwerk gelegt! Man konnte vor den Gefangenen, vor allem vor jenen aus anderen Ländern, jetzt glaubhaft beteuern, dass wir selber wie Gefangene in unserem eigenen Land gelebt hatten, wir mussten nicht gänzlich an uns selbst und unseren menschlichen Qualitäten verzweifeln.
Dies ist nicht der Augenblick, um die Geschichte der über 40 Attentatsversuche auf Hitler auszubreiten, wir wissen als Zeitgenossen

genug davon, wie Diktatoren sich vor Anschlägen zu schützen wissen. Das Attentat vom 20. Juli 1944 hat 7.000 Menschen das Leben gekostet, und die Aufarbeitung des Geschehens kam erst 10 Jahre nach Kriegsende in Gang. Nach meinem Dafürhalten ist es bis heute nicht gelungen, in den nachwachsenden Generationen das gebührende Maß von Bewunderung und Respekt vor diesen Männern und Frauen zu wecken, die mit Recht gemäß der vorhin zitierten Definition wirkliche Märtyrer waren. Sie wussten und bezeugten den Grund ihres Leidens: die Liebe zur Wahrheit, die Achtung vor der Würde des Menschen, der geschuldete Gehorsam gegenüber den zehn Geboten Gottes.

Fest stehend auf dem Grund dieses Glaubens konnten sie allen seelischen und körperlichen Qualen standhalten, ohne zu verzweifeln oder ohne zu verraten.

Niemand kennt die Zahl derer, die in der gleichen inneren Haltung und Überzeugung den täglichen Schikanen in einem der Konzentrationslager standgehalten haben: sie waren Zeugen der Hoffnung für ihre Umgebung wie jene vom 20. Juli es waren für die ganze Nation.

Erlauben Sie mir zum Schluss eine persönliche Bemerkung: für mich selber war die Zeit in Ravensbrück ein einziges, mich tief bewegendes und prägendes Lehrstück über den Menschen und, wie ich gleich hinzufügen will, auch über die Barmherzigkeit Gottes. „Was ihr dem geringsten meiner Brüder tut, das tut ihr mir." Dieses Wort Jesu gilt ja nicht nur für die Wohltaten, die wir einem anderen erweisen, sondern auch für die Gemeinheiten, die wir ihm antun. In seiner Passion hat Christus all jene Schikanen, Erniedrigungen, Bosheiten erfahren, von denen hier die Rede war: seine Gefangennahme, seine rechtlose Verurteilung, die Geißelung, Dornenkrönung, er wurde angespien und geschlagen, schließlich zur Kreuzigung geführt, der Todesart für die übelsten Verbrecher ... Und dennoch blieb er uns zugewandt, hält er jedem die Hand zur Versöhnung hin, der umkehrt und ablässt von seinen bösen Taten. Diesen Dienst der Versöhnung und Tröstung im Namen und Kraft der Liebe Christi konnten die Häftlinge einander nur in tiefster Verborgenheit leisten – aber offen liegen sie vor den Augen Gottes!

Gedenkgottesdienst in Ravensbrück am 22.April 1995

Liebe Freundinnen und Freunde,
alle ehemaligen Häftlinge von Ravensbrück!

Wir sind zusammengekommen, nicht um anzuklagen oder um zu wehklagen – wir sind gekommen, um uns zu erinnern, so zu erinnern, dass davon Trost ausgehen kann und Linderung für noch immer nicht verheilte Wunden. Gedenkstunden wie diese sind getragen von der Hoffnung, dass unser Denken etwas bewegen kann, eine Wirkung hat – eine tröstliche für jene, an die wir denken, und eine reinigenden, läuternde für uns, die wir uns erinnern.

Je tiefer, je wacher und umsichtiger wir uns erinnern, desto mehr nähern wir uns jenem Zustand tiefster Erniedrigung, denen jene ausgeliefert waren, denen unser Andenken gilt. Der Zustand des Ausgeliefertseins, verlassen von allen. Nur nicht verlassen von jenem Einen, der gesagt hat: was ihr dem Geringsten tut, das tut ihr mir. Er war stumm und wehrlos in ihrer Nähe, mit ihnen das Schicksal Gottes in dieser Welt teilend.

Es genügt darum nicht, all der Leiden zu gedenken, denen die Häftlinge hier oder in den anderen Lagern waren, es genügte auch nicht, die Wunden und Narben derer zu kennen, die zwar das Jahr 1945 überlebt haben, aber dennoch ihre volle Lebensfreude nicht wiederfinden konnten. Es genügte auch nicht, die Toten zu zählen, die in den Öfen verbrannt oder im See versenkt wurden...

Das alles enthüllt uns erst sein wahres Gesicht, wenn wir es zu sehen versuchen mit den Augen jenes Schmerzensmannes, der unerkannt an der Seite diesen auserwählten Leidenden stand. Erst vor der Wahrheit des sich erbarmenden, des mitleidenden Gottessohnes kann uns die Ungeheuerlichkeit des Geschehens so erfassen, dass nicht mehr Abscheu und Erschrecken, Entsetzen oder Scham das letzte Wort haben, sondern unser Herz ergriffen wird von der Größe, dem Überfluss seiner sich zu uns herabneigenden Liebe, die unser Schicksal teilen wollten bis in die Stunde des Todes und der Gottverlassenheit.

Erinnerung ist dann so viel wie Vergegenwärtigung: „Tut dies zu meinem Gedächtnis", sagt der Herr beim Abendmahl am Tag vor seinem Tod am Kreuz. Er sagt uns heute:

Erinnert euch so an das Tun meiner Erlöserliebe zu euch, dass diese Liebe unter euch gegenwärtig wird. Erwartet euch von ihr nicht das Paradies auf Erden, kein sichtbares Gottesreich, keine heile Welt, die euch das Kreuz vergessen machen würde, nein –

Erinnert euch so an meine Liebe, dass ihr anderen den Durst nach ihr stillen könnt, dass sie jenen wie ein Licht leuchte, die in Finsternis umherirren, dass sie alle in ihre Wärme einhüllt, die auf dieser Welt und unter den Menschen frieren –

Ein solches Erinnern bewahrt uns vor dem Vergessen, vor dem Vergessen jener, deren wir heute gedenken, und vor dem Vergessen jenes Einen, der immer bei uns ist in der Gestalt des Geringsten, des Verachtetsten, Vergessensten ... an ihn richten wir unser Gebet.

Welche „Botschaft“ können Gedenkstätten und Gedenktag für uns heute haben?

Wir Deutschen tun uns schwer mit Gedenktagen und Gedenkstätten Wenn wir zurückdenken die letzten hundert Jahre: Kaisers Geburtstag war noch der beste für die Stärkung der nationalen Gefühle - Weimarer Republik, Volkstrauertag, Nationalsozialismus zahllose.. Unsere Bundesrepublik Tag des Grundgesetzes, ging nicht wegen DDR, 17 Juni, 3.Okt. - nationale Gefühle?

Gedenkstätten kein Ort in Deutschland und sei er noch so klein, der nicht ein Denkmal hätte für die Gefallenen 70/71 und 1914-18. Zu den Gedenkstätten 14/18 gehören auch die großangelegten Soldatenfriedhöfe, Sie haben es nicht verhindert, daß ein Menschenalter später viel größere Totenfelder für die Gefallenen angelegt werden mußten, über ganz Europe bis tief nach Russland hinein.

Gedenkstätten Mahnungen an unendlich viel Trauer und Sinnlosigkeit, an einen tragischen, die Kräfte und Mächte verschiebenden Zusammenstoß der Nationen von weltweitem Ausmaß... Wenn Sie so wollen, große Fragezeichen diese alle an uns und unsere Geschichte so weit wir selber Herren dieser Geschichte sind oder doch zu sein glauben.

Die Gedenkstätten, von denen heute Abend die Rede ist, weisen auf anderes hin: nicht auf ein einmaliges Geschehen, das sich in unendlichen Variationen dennoch immer wiederholt im Laufe unserer Geschichte. Die KZ sind ein Mahnmal ganz anderer Art. Sie weisen uns hin auf eine Konstante, von der unser menschliches Handeln in der Regel in tiefer, finsterer Verborgenheit bestimmt ist. Hier jedoch in Auschwitz, Treblinka, Buchenwald, Dachau, Neuengamme, Ravensbrück und wie die Lager alle heißen, hier triumphiert in größter Offenheit, Unverfrorenheit und ganz unverhohlen der Wille zur absoluten Macht. Diese läßt sich aber von uns Menschen nur als totaler Vernichtungswille verwirklichen.

Die KZs stehen für einen einzigartigen Völkermord: einzig was die Zahl der Vernichteten angeht, einzig in Bezug auf die Art der Massentötungen, einzig auch hinsichtlich der Begründung dieses mörderischen Vorgehens.

KZs stehen wie schwarze Stelen in unseren blühenden Landschaften und erinnern unerbittlich jeden an diese äußerste Möglichkeit des Verrates an dem uns zuteil gewordenen Herrschaftsauftrages über diese Schöpfung.

Da, wo das Gesetz Gottes so hundertfach übertreten und mißachtet wurde, da kehrten sich dennoch – sichtbar nur für die Augen Gottes - ihm Gedanken vieler zu in Sehnsucht, in Hoffnung, in unverminderter Treue der Erwartung seiner Gnade ...

Kehren wir zu unserer Ausgangsfrage zurück: Was haben uns Gedenktage, Gedenkstätttten heute noch zu sagen? Alle Gedenkstätten sind so eingerichtet und dokumentarisch ausgestattet, daß dem Besucher das Ausmaß an Menschenverachtung und Menschenvernichtung, das in ihnen ausgeübt wurde, zweifelsfrei vor Augen gestellt wird. Wie weit er dabei zu Fragen und Einsichten bewogen wird, die uns heute Abend hier beschäftigt haben, bleibt dem jeweiligen „Führer“ durch das Museum überlassen. Gedenkstätten ja, aber nicht zu viele, einige exemplarische und keine ohne sorgfältige Analyse dessen, was es dort zu sehen, zu erfassen, zu begreifen, zu erschrecken und zu beklagen und zu bereuen gibt von jedem von uns.

Zwei Fragen drängten sich jeden Tag neu auf: wer oder was ist in letzter Wirklichkeit der Mensch? und: wer oder wie ist Gott, wenn es ihn denn überhaupt gibt?

Gott und Mensch waren so weit von einander entfernt, daß es Mühe kostete, sie zusammen zu denken. Wie sollen wir uns Gott vorstellen, daß auch diese entstellte Menschenwelt noch in ihm geborgen bleibt, ohne sein Bild zu zerreißen? - wie können wir den Menschen zu Ende deklinieren, daß er zurückfinde zu seinem ersten Entwurf, jener Ebenbildlichkeit, in der auch seine Würde liegt?

Dies ist ein sehr persönliches Bekenntnis, von dem ich nicht sagen kann, ob es anderen ähnlich gegangen ist: Für mich gewann im Betrachten der höllischen Welt um mich herum die Aussage der christlichen Offenbarung immer mehr an Realität und Glaubwürdigkeit: Gott und Mensch waren nicht von einander entfernt, sondern im Gegenteil einander erschreckend nahe: im Ecce homo steht der verratene, verleumdete, gepeinigte, bespuckte und mit Dornen gekrönte Spottkönig Mensch vor unseren Augen – gleichzeitig steht in aller Hoheit in ihm Gott vor unseren Augen, uns in erwartungsvoller Liebe zugewandt, ob wir die Botschaft seiner barmherzigen Vergebung annehmen. Die Liebe Gottes, die ganz konkret wird, indem sie Blut für uns vergießt, das Blut des Menschensohnes Jesus Christus, die nochmals konkret wird, indem sie seinen Geist in unsere Herzen ausgießt, so dass wir nun mit ihm und wie er und in ihm versuchen können, Boten dieser Gott und Mensch miteinander verbindenden Liebe zu werden...

(Stichworte zu einem Vortrag)

Vergangenheit muss Zukunft werden
Niederdorf— Mai 1945

„Vergangenheit muss Zukunft werden" – unter diesen Gedanken möchte ich unsere heutige Zusammenkunft stellen. Hier am Pragser Wildsee und in dem kleinen Ort Niederdorf spielte sich am Ende des Zweiten Weltkrieges in einzigartiger Transparenz der Untergang von Hitlers tausendjährigem Reich ab. In tiefer Verborgenheit lassen sich zum gleichen Zeitpunkt an eben diesem Ort winzige Spuren keimenden Lebens entdecken unscheinbar wie die ersten Knospen an einem der Sonne zugewandten Baum, während der Boden noch schneebedeckt ist. Wir stehen am Ende des Zweiten Weltkrieges und an dem heiß ersehnten Neuanfang unseres bürgerlichen Lebens in Freiheit und Sicherheit.

Die ersten Tage unmittelbar nach unserer Befreiung aus den Händen der SS lockten zu unbegrenzten Spaziergängen in dieser herrlichen Landschaft bei duftendem Frühlingswetter. Zwar wurden wir gewarnt vor unberechenbaren Begegnungen mit Partisanen, die meist noch bewaffnet waren, aber nichts dergleichen geschah. Statt dessen genossen wir es, in allem Freimut miteinander reden zu können, ganz ohne Angst davor, verpetzt zu werden. Diese Gespräche kreisten alle immer wieder, in immer neuen Anläufen um die Frage: Wie war es möglich, dass ein gebildetes 60-Millionenvolk, in dem jeder lesen und schreiben konnte, in so kurzer Zeit einem Haufen skrupelloser, Macht hungriger Ganoven zum Opfer fallen konnte.

Die kleine Pause zwischen dem Ersten und dem Zweiten Weltkrieg war nicht groß genug gewesen, um aus den angerichteten Schäden Hinweise zu gewinnen, wie eine bessere Zukunft zu gestalten sei. Der Neuanfang 1945 nach der totalen und bedingungslosen Niederlage unseres, durch die Nazis von unsäglicher Schuld besudelten Volkes fand in tiefer Verborgenheit statt, in anfänglicher Unfreiheit auch und im Dunkel des unbegriffenen Schicksals, dem unser Volk sieh ausgeliefert hatte, dem es ausgeliefert war. Ich weiß noch gut, mit welchem Erschrecken wir bei unserer Fahrt zum Flughafen von Neapel auf die zornigen Zurufe und Anklagen reagiert haben, mit denen die Italiener uns überschütteten, als sie erfuhren, dass wir Deutsche seien. Dasselbe widerfuhr uns, als wir auf einem offenen Lastwagen durch Paris gefahren wurden und die Menschen auf der Straße uns als Deutsche erkannten. Es hat lange gedauert, bis wir uns im Ausland in unseren allernächsten und vertrautesten Nachbarländern wieder frei und unbehelligt bewegen konnten.

Dass das möglich sein und unser Ziel sein müsse, das haben wir in den kostbaren Tagen in Prags erfahren, als wir uns zu einem kleinen Völkerbund konstituiert hatten. Alle Nationen, die siegreichen und die besiegten, die mit starker personaler Besetzung und jene, die nur mit einer Stimme vertreten waren – der Respekt galt allen, Redefreiheit hatte jeder, der Versammlungsfreiheit waren keine Grenzen gesetzt. Die lebenswichtigen Entscheidungen, unser Leben im Hotel „Pragser Wildsee" betreffend, fällten wir unter der Regie von Hauptmann Best aus England, gewöhnlich in bester Laune!

In den 62 Jahren zwischen damals und heute haben bei uns allen die Erinnerungen ihre einprägsamen Profile gewonnen. Unser Fragen und Nachdenken über das „Wie" und das „Warum" ist bei vielen nicht zur Ruhe gekommen und wartet auf eine letzte Deutung, die uns von Gott versprochen ist. Bis dahin müssen wir lernen, ein waches Ohr und helle Augen zu haben, eine offene Hand, ein trostvolles Herz für jene, denen die schlimme Zeit bleibendes Leid verursacht hat. Denken wir dabei nicht nur an jene, die uns Schlimmes taten, sondern auch an jene, die uns durch irgendeine Freundlichkeit, eine kleine Aufmerksamkeit den Mut gestärkt, unsere Hoffnung neu belebt haben. Besonders kostbar sind Erfahrungen, in denen uns Gutes widerfährt von denen, von denen wir es am wenigsten erwartet hätten. In unserer gemeinsamen Haftzeit als Geisel der NS-Regierung haben wir, hat jeder von uns die verschiedenartigsten Erfahrungen gemacht mit unseren Unterdrückern, unseren Aufsehern und Zellennachbarn, und gerade dann, wenn wir glaubten, am Ende zu sein, kam von irgendwoher eine unerwartete Ermutigung. Solche Erfahrungen können uns davor bewahren, allzu unbedacht von guten und bösen Menschen zu reden

Unsere Generation, die im Geschichtsbewusstsein der Politiker gar nicht mehr präsent ist, ist dennoch eine, die mit schweren Schätzen der Erfahrung und Einsicht bedacht wurde, die sie nicht für sich behalten darf. Was sich mir eingeprägt hat im Rückblick auf die siedend heißen Jahre unter der mordsüchtigen Diktatur der Nationalsozialsten: Mit Menschen, die so denken, die anderen das Denken verbieten, kann man keinen Kompromiss eingehen. Dasselbe gilt für Menschen, die sich zur Anwendung von Gewalt bekennen, wenn die Munition der Argumente nichts mehr bewegt.

In allem, was wir an Gutem und Schlimmem gesehen haben, haben sich drei fundamentale Einsichten durchgesetzt, die wir unseren Kindern und Enkeln hinterlassen, anvertrauen, einprägen möchten: Achte auf die Wahrheit in Deinem Denken, Reden und Wollen – bewahre Dein Herz vor Habsucht nach Besitz und Macht – sei Deinem Nächsten ein Nächster. auf den er sich verlassen kann.

Und da ist noch eine Erfahrung, die nicht nur wir zwangsweise eingewiesenen Hotelgäste gemacht haben, sondern ebenso zahllose Erholung und Besinnung suchende Zeitgenossen: das alle Grenzen und Fremdheiten überwindende Zeichen, das von Prags ausgegangen ist, der Hinweis auf die heilende Kraft unseres persönlichen Beitrages – das ist die Gastfreundschaft, die damals bis heute als Charisma des Hotels „Pragser Wildsee“ unter der Führung von Frau Emma Heiss-Hellensteiner weit über den Einzugsbereich von Niederdorf eine ebenso anziehende wie erziehende Wirkung ausgeübt hat.

Es ist nur recht und billig, an einem festen Tag im Jahr dieser großen geschichtlichen Stunde von Niederdorf in Dankbarkeit zu gedenken.

BLEIBENDE BEDEUTUNG DES 20. JULI 1944

Tief innen vibrierende Angst: Der 20. Juli in Ravensbrück

Die Nachricht „Attentat auf Hitler“ erhielt ich noch am Tage selbst durch Klopfzeichen von meinem Zellennachbarn. Seine Klappe lag in solchem Winkel zur Stube des Wachpersonals, dass er bei offenen Fenstern und etwas lauterer Einstellung des dortigen Volksempfängers alle Sondermeldungen hören und an uns weitergeben konnte. Unser Nachrichtendienst funktionierte zu dieser Zeit sehr gut, aber nicht mehr lange. Nachdem feststand, dass der Aufstand schon durch die ersten standrechtlichen Erschießungen im Keim erstickt war, setzte dennoch, oder jetzt nach der wiedergewonnenen Sicherheit erst recht, eine hemmungslose Razzia ein nach allen, die unmittelbar oder mittelbar eine Hand oder auch nur einen Gedanken zu diesem überfälligen Aufbegehren gegen zuviel Gewalt und Rechtlosigkeit hinzu gegeben hatten.

Die zweite Nachricht, „Hitler lebt. Attentat misslungen“ versetzte uns in lähmendes Entsetzen und löste eine tief innen vibrierende Angst aus, die durch die Ereignisse der kommenden Wochen täglich neue Nahrung erhielt.

Ich befand mich damals im Gefängnisbau des Frauen-Konzentrationslagers Ravensbrück als „Sippenhäftling“ zusammen mit etwa 20 anderen Sonder-, Ehren-, oder Untersuchungshäftlingen. Für uns alle änderte sich nach diesem 20. Juli der Gefängnisalltag; er wurde ruhelos und gefährlich. Zwölf junge Männer von der Waffen-SS – wir nannten sie Beutegermanen, die meisten von ihnen stammten aus besetzten Gebieten auf dem Balkan und konnten kaum Deutsch sprechen – wurden zur Verstärkung unserer Bewachung herbeigeholt. In schweren Knobelbechern patrouillierten sie auf den knarrenden Holzgängen vor unseren Zellen auf und ab und erschwerten so jede Art von Kommunikation, am meisten unsere Horchtätigkeit, mit der wir uns auf dem laufenden zu halten versuchten über die Vorgänge im Souterrain. Dort war die Prügelkammer, dort war die Zelle, aus der man zum Verhör abgeholt wurde oder zum letzten Gang zur Erschießung direkt vor dem Verbrennungsofen. Neuankömmlinge wurden grundsätzlich zuerst in den Keller gebracht.

In den ersten Wochen nach diesem Unglückstag verging kaum eine Nacht, in der nicht „ein Neuer" gebracht oder einer aus unserem Bau zum Verhör weggebracht wurde. Man hörte das Kommen und Abfahren der Polizeiautos, die heiseren Befehlsstimmen, das Klicken der Handschellen und – bei der Rückkehr – den schlürfenden Schritt der Verhörten, die ja oft genug auch die Verprügelten oder Gefolterten waren. Allen männlichen Häftlingen wurde in diesen Tagen Gefängniskleidung angezogen: blauweiß gestreifte Hosen, für die sie keine Hosenträger mehr bekamen, und Jacken, die ihnen irgendwie passen mussten.

Zu den prominentesten Häftlingen, die in diesen aufgeregten Tagen für längere oder kürzere Zeit zu uns gebracht wurden, gehörte der Berliner Polizeipräsident Graf Helldorf, der alte Reichswehminister Geßler, Generaloberst Halder, Reichsbankpräsident Hjalmar Schacht, Dr. Julius Leber, Dr. Wirmer – immer mehr Vertreter aus allen Lagern, in denen das Gewissen sich geregt und Männer zum Widerstand sich bereit gefunden hatten, kamen durch unser abgelegenes Gefängnis: die entsprechenden Anstalten in Berlin boten keine ausreichende Sicherheit mehr wegen der sich steigernden Bombenangriffe, außerdem waren sie überfüllt. So wurden bei uns auch männliche Gefangene eingeliefert.

Wir begannen das Ausmaß der Menschenjagd zu ahnen, der schließlich in wenigen Wochen – wie man erst später erfuhr – rund 7.000 Bürger zum Opfer gefallen sind. Sie stellten eine geistige und moralische Elite dar, die sich in letzter Stunde dem Druck des unerträglichen Unrechts entgegenstemmte, ganz gewiss ohne euphorische Erwartungen und ohne den Sinn ihres Tuns an den Erfolg zu binden. Die wenigen und dünnen Kontakte zu den Alliierten, die es damals noch gab, hatten kein ermutigendes Signal enthalten, etwa für mildere Friedensbedingungen im Falle, dass ein solcher Akt der Selbstbefreiung gesetzt würde, der ja nicht nur für unser Volk, sondern für ganz Europa das Ende des furchtbaren Krieges bedeutet hätte. Im Kreise der Hitlergegner war darum das Attentat bis zum Schluss umstritten geblieben. Helmut James Graf Moltke, der Mittelpunkt des Kreisauer Kreises, lehnte den Gewaltakt gegen Hitler ab mit dem Argument, dass er im Falle des Gelingens ein geeigneter Ausgangspunkt sein würde für eine neue Dolchstoßlegende. Die Befürworter des Tyrannenmordes verwiesen auf die Tausende, die täglich an den Fronten im Osten, Westen und Süden und in der Heimat durch Luftangriffe sinnlosem Größenwahn geopfert wurden. Das Scheitern des Anschlags lieferte dann allerdings gerade jene Gruppe von Menschen den Hitlerschen Schergen aus, von denen man dringend gewünscht hätte, dass sie nach dem Zusammenbruch für die innere Neuordnung unseres politischen und gesellschaftlichen Lebens zur Verfügung gestanden hätten.

Jene von ihnen, die ich persönlich gekannt habe, hatten sich schon vor dem Unternehmen keine Illusionen gemacht über den hohen Risikocharakter ihres Vorhabens. Nach dem Misslingen des Anschlags wussten sie, dass ihnen das Todesurteil gewiss war – fraglich war nur die Art des Vollzuges (Erschießen war die ehrenvollste, Erhängen die schmählichste; Enthauptung nicht ganz so verächtlich) und wie lang und hart die Qual der Vernehmung vorher sein würde. Ohne Abstriche zu machen, haben sie sich dennoch zu ihren Überzeugungen bekannt, in heroischer Selbstbescheidung sich damit begnügend, dem anderen Deutschland, dem schweigenden und leidenden, ein Zeugnis gesetzt zu haben.

Die treuesten und tapfersten Begleiter auf diesem Weg in tiefe seelische Dunkelheit und Einsamkeit waren die Frauen dieser vom Schicksal auserlesenen Männer. Mit der ganzen Kraft ihrer Liebe unterstützten diese schwer Geprüften in den langen Wochen bangen Harrens und nicht sterben wollender Hoffnung – in den letzten Stunden nur noch mit ihrem Gebet und ihrem Vertrauen, dass ihnen jenseits der Todesgrenze ein gerechteres Urteil gesprochen würde, als es ihnen auf Erden zuteil geworden war.

Unbeantwortet scheint mir die Frage, ob es uns, der Nachwelt, bisher gelungen ist, diesen Männern Gerechtigkeit widerfahren zu lassen. Denn: mit ein paar Gedenkstunden oder einigen Büchern wäre dem Anspruch, den ihr Lebensopfer an uns stellt, gewiss nicht Genüge getan.

Helmuth James Graf von Moltke

Es ist angemessen, dass der Gedenkstunde im Rathaus, ausgerichtet vom ersten politischen Repräsentanten dieses Stadtstaates, eine eigene Gedenkfeier in dieser Christuskirche folgt: Moltke war ein homo politicus, weil er ein homo religiosus war.

D. h. er war in der ersten Hälfte seines Lebens keins von beiden, sondern das macht gerade die dramatische innere Geschichte seines Lebens aus, dass er hineinwachsen mußte, von Gott selber hineingeführt wurde in die Wahrheit, dass in der politischen Welt, da, wo es um ihre letzten Voraussetzungen und Bedingungen. d. h. um Recht und Freiheit des Menschen geht, nur der seinen Standpunkt behaupten kann, der zuvor und zugleich einen Stand vor Gott und in Gott gefunden hat. Gott ist der Garant der Würde des Menschen, der Mensch als Person ist ein metaphysisches Geheimnis, das seine letzte Verankerung in Gott hat. Ich will darum auch keine Predigt über Moltke halten, sondern vielmehr versuchen, das, was Predigt ist in seinem Leben, heraus zuholen.

Er selber findet am Ende seines Lebens fast hymnische Worte dafür, wie wunderbar er von Gott geführt worden ist. An einigen Stellen wird diese Führung ganz greifbar: nicht nur Moltke wird geführt – wir alle. Er war besonders hellhörig und fügsam – vielleicht unterscheiden wir Menschen uns dadurch am meisten voneinander, Wenn das gelingt, dann meine ich, erhalten wir auch eine Antwort auf die zentrale Sorge, der die Arbeit des sogenannten Kreisauer Kreises galt: in seinem berühmten Brief an Lionel Curtis schreibt Moltke 1942: „Europa nach dem Kriege ist die Frage: wie kann das Bild des Menschen in den Herzen unserer Mitbürger wieder aufgerichtet werden?“ Eine Frage, meine ich, die uns auch heute nicht ruhen lassen darf. Moltke stellte sie in einem Augenblick, als er mit alten Fasern seines Wesens unter der systematischen Zerstörung des Menschen-Bildes litt. Wir sind auch heute nicht heraus aus der Angst um den Menschen.

Moltke war ein Mensch des 20. Jahrhunderts. Er trug alle Züge der modernen Geistesverfassung. Er war Individualist. Er pochte auf die Freiheitsrechte der Person, er dachte liberal und darum tolerant. Er ließ seinen Gegnern das Recht auf ihren eigenen Standpunkt, auch wenn er den Standpunkt selber verurteilte. Er profitierte während seines Studiums vom modernen Skeptizismus. Dieser lag seinem natürlichen Pessimismus näher als irgendein positives Bekenntnis und ermöglichte ihm eine unvoreingenommene Prüfung anderer Standpunkte im philosophischen, religiösen, politischen Bereich, deren relative Gültigkeit er dank seiner hohen Intelligenz rasch durchschaute.

Er stand dem Leben mehr beobachtend und kritisch als wohlwollend und handelnd gegenüber, er dachte pragmatisch nicht ideologisch, urteilte spontan aufgrund seines ausgeprägten Gerechtigkeitssinnes und nicht aufgrund vorgefasster Prinzipien. So aufgeschlossen wie sein Geist war, so verschlossen waren die Kammern seines Herzens, in dem, so scheint es, während seiner Jugend nur seine Mutter einen besonderen Platz einnahm. Damals erkannte er für sich selber nichts, für das es sich für ihn zu leben gelohnt hätte.

Aus dieser tiefen Vorbehaltlichkeit wurde er durch zwei Ereignisse herausgeholt: 1929 wurde ihm, dem 22jährigen, von seinem Vater die Leitung für das hochverschuldete Gut Kreisau überschrieben. Die unmittelbare Konfrontation mit der akuten wirtschaftlichen Not der zum Gut gehörenden Landarbeiter setzte Moltkes beste Kräfte in Bewegung: Getrieben von einem tiefen Gefühl seiner Verantwortung suchte und fand er dank eines unerhörten Einsatzes seiner reichen Fähigkeiten Wege zur Lösung der allgemeinen Not. Auf dem Höhepunkt der Krise schreibt er an seine spätere Frau: „Sie können gar nicht ermessen, was das für mich bedeutet; was auch jetzt hier geschieht, ob die Sache doch noch schief geht, wenigstens verlieren nicht kleine Bauern ihr Geld, die es im Vertrauen auf den Namen an uns gegeben haben. Ich kann kaum schreiben, weil ich mich so freue, dass ich am ganzen Leibe zittere. Wenn das nicht geglückt wäre, so hätte das bedeutet, dass ein ganzes Dorf voll Bauern überschuldet, verarmt wäre …“

Die beiden Traditionen hochqualifizierter Erziehungskunst, die preußische und die englische, hatten zwei ideale Haltungen in ihm grundgelegt: die Bereitschaft zum selbstlosen Dienst für eine größere, übergeordnete Sache und den ritterlichen Sinn für die Schutzbedürftigkeit der Kleinen und Schwachen. Gerechtigkeit und Mitleid bestimmten mehr und mehr sein Lehen. Im so bestimmten Tun war und kam er der Wahrheit seines künftigen Herrn Jesus Christus näher als im grübelnden, kritischen Denken.

Das zweite Ereignis, das seinem Leben mit einem neuen Sinn auch neue Kraft verlieh, war seine Begegnung mit Freya Deichmann, seiner Frau, die er 1931 heiratete. Es ist das zweite Ereignis nur in der Chronologie seines Lebens; hinsichtlich seiner Bedeutung für Moltkes Leben ist es in meinen Augen das erste, eigentliche, größte und tiefste Geschehen, von dem sein Leben, sein Weg, sein Wesen bis in die letzten Schichten hinein erfasst und durchformt worden ist.

Eigentlich war bisher alles in seinem Leben Enttäuschung oder Forderung gewesen – Freya war für ihn ein Geschenk! Ihre Liebe war Geschenk; dass er, der sich als „schwach, feige, kompliziert und durchschnittlich“ ansah, von ihr sich so verstanden und angenommen wissen konnte, war Geschenk. Dass er sie so lieben, so hineinwachsen konnte in ihre Fähigkeit zu lieben, war Geschenk; dass von dieser Liebe alles umfasst wurde, was zu ihrer beider Leben gehörte, war Geschenk. Ja, sie umfasst schließlich auch die schweren Gewissensentscheidungen, die ihn in die Arme seiner Henker trieben und Freya und die Söhne einem ungewissen Schicksal überließen. Nur die Liebe kann die innere Notwendigkeit solchen Handelns begreifen; nur sie ist bereit, auch den höchsten Preis zu zahlen, wenn es letztlich um das Heil des anderen geht. Höchste Erfüllung ehelicher Liebe, ehelicher Treue. Keiner der Widerstandskämpfer hätte sein heroisches Ende erreicht ohne die Liebe seiner Frau. Betrachtet man ihrer beider Schicksal, so muss es auffallen und erstaunen, dass Freya samt Kreisau und den beiden Söhnen von aller Belästigung durch die Nazis verschont blieb, dass es ihr zudem möglich war, Moltkes Briefe, diese einzigartigen Dokumente seines Kampfes und seines Sieges vor dem Untergang zu bewahren. Gott hat sozusagen dieses Geschenk weder angetastet noch etwas davon zurückgenommen, nachdem der Beschenkte den tiefsten Sinn dieser einzigartigen Gabe erfal3t hatte: ohne Freya „hätte er der Liebe nicht gehabt,“ wie er selber schreibt: Gottes Liebe hatte sich zu ihrer Vermittlung der Liebe Freyas bedient.

Durch sie kommt Licht in sein Leben, das immer heller wird, das ihn immer sicherer auf seinem Weg durch die wachsende Finsternis führt. Durch Freya wurde er selber fähig, als Zeuge der Liebe Gottes sein Leben voller Dankbarkeit in die Hände zurückzugeben, bevor die Schlinge der Henker seinen Geist verstummen ließ.

Dieses Starkwerden in der Liebe ist nicht ohne Einfluss geblieben auf die Entwicklung der beiden erstgenannten, idealen Grundhaltungen: der Bereitschaft zum selbstlosen Dienst an der je größeren Sache, das geschah im Kreisauer Kreis, und dem Einsatz für Unterdrückte und Schutzlose, das versuchte er in seinem Amt nach besten Kräften. Dabei ist es immer wieder erregend und bewegend zu sehen, wie sich in Moltkes Leben diese beiden Tendenzen überschneiden und zuletzt gegenseitig bedingen, so dass schließlich Leben sich nicht mehr im Tun für andere manifestiert, sondern das Leben in seinem letzten Akt, dem Tod, selbst zur Tat wird, die zugleich ein Manifest ist.

Der Weg zu diesem Ende wurde steil, nachdem er zuvor durch das Tal lähmender Ohnmachtserfahrung geführt hatte. In den Jahren der Wirtschaftskrise hatte es sich gelohnt, sich für die Sanierung Kreisaus einzusetzen. Nach der Heirat mit Freya lohnte es sich, für ihre gemeinsame Zukunft zu arbeiten. Mit dem Beginn der Naziherrschaft war diesem Ziel der Boden entzogen: In einem Unrechtsstaat kann keiner sich seines gerechten Lebens mehr erfreuen.

Der rasche, siegreiche Vormarsch der deutschen Truppen am Anfang des Krieges, der ganz Deutschland in einen Taumel der Begeisterung riss, löste bei Moltke eine tiefe Depression aus: zu klar standen ihm die globale Ausweitung des Krieges und sein katastrophales Ende vor Augen. Mit gleicher Klarheit erfasste er aber auch, dass es zu diesem Zeitpunkt niemandem möglich war, diesem verheerenden Geschehen noch Einhalt zu gebieten. Es war ein Geschehen in Gang gekommen, dessen der Mensch mit seiner Vernunft nicht mehr Herr werden konnte, ein Unrechtsgeschehen überdies, in das jeder einbezogen war.

Moltke schreibt in dieser Zeit: „In Serbien sind an einem Ort zwei Dörfer eingeäschert worden, 1700 Männer und 240 Frauen von den

Einwohnern sind hingerichtet worden als Strafe für den Überfall auf drei deutsche Soldaten. In Griechenland sind 240 Männer eines Dorfes erschossen worden, das Dorf wurde niedergebrannt, Frauen und Kinder an der Stätte zurückgelassen. In Frankreich finden umfangreiche Erschießungen statt, ganz zu schweigen von Polen und Russland. ... So werden täglich mehr als tausend Menschen ermordet, und wieder Tausende deutscher Männer werden an den Mord gewöhnt. Darf ich denn das erfahren und trotzdem in meiner geheizten Wohnung sitzen und Tee trinken? Mache ich mich dadurch nicht mitschuldig? Was sage ich, wenn man mich fragt: was hast du während dieser Zeit getan?...

Seit Sonnabend werden die Berliner Juden zusammengetrieben. Eine Bekannte hat gesehen, wie ein Jude auf der Straße zusammenbrach; als sie ihm aufhelfen wollte, trat ein Schutzmann dazwischen, verwehrte es ihr und gab dem auf dem Boden liegenden Körper einen Tritt, damit er in die Gosse rollte ... Wie kann jemand so etwas wissen und dennoch frei herumlaufen? Mit welchem Recht? Ist es nicht unvermeidlich, dass man eines Tages ihn auch in die Gosse rollt? – Wenn ich nur das entsetzliche Gefühl loswerden könnte, dass ich mich selbst habe korrumpieren lassen, dass ich nicht mehr scharf genug auf solche Sachen reagiere, dass sie mich quälen, ohne dass spontane Reaktionen entstehen ...

Der tägliche Kampf gegen die Verführung des eigenen Gewissens oder auch die Flucht vor ihm verweist auf die Nahtstelle, wo der homo religiosus und der homo politicus sich im Herzen eines Menschen begegnen. Die Unerbittlichkeit, mit der Moltke in diesen Monaten um größere Klarheit, innere Gerechtigkeit, um Antwort auf die letzten Sinn- und Sollensfragen gerungen hat, lässt seine künftige Größe ahnen. Von hier an wird sein Weg immer rauher und einsamer. Dabei kann man sicher sein, dass alle Menschen damals von diesen Fragen angefallen wurden, aber wie wenige hatten den geistigen Mut, sich auf sie einzulassen! Hier liegt meines Erachtens ein riesiges Maß an unerlöster geistiger und moralischer Schuld, von der jeder, der damals lebte, einen Packen mit sich herumträgt.

„Es ist unsere Pflicht“, schrieb er in diesen Monaten an seine Frau, „das Widerliche zu erkennen, es zu analysieren und es in einer höheren, synthetischen Schau zu überwinden und damit für uns nutzbar zu machen ... Wer, um sich den äußeren Frieden zu erhalten, schwarz weiß sein lässt und böse gut, der verdient den Frieden nicht, der steckt den Kopf in den Sand. Wer aber jeden Tag weiß, was gut ist und was böse, und daran nicht irre wird, wie groß der Triumph des Bösen auch zu sein scheint, der hat den ersten Stein zur Überwindung des Bösen gelegt.“ Zu diesem Kampf zwischen Licht und Finsternis sind alle herausgefordert; ob wir ihn annehmen oder ihm ausweichen, ist eine Frage des Glaubens und des Charakters. „Die Kraft zur Überwindung des Bösen wird eher in einer friedlichen Atmosphäre gefunden als in einer gehetzten“, schreibt er an Freya. Diese Atmosphäre suchte er und fand er in Kreisau, jenem Ort, an dem für ihn das Leben um seiner selbst willen, bzw. um der geliebten Menschen willen liebenswert war, allen Schutzes, aller Verteidigung würdig. Kreisau war für ihn der Ort sinnerfüllten Lebens, der ihn vor der Verzweiflung bewahrte. Hier suchte er in langen Gesprächen die synthetische Schau, wobei er immer bohrender nach den letzten Gründen für sein eigenes Handeln forschte. Er war auf der Suche nach Gott, und Gott war ihm auf den Fersen.

Schon 1941 schreibt er: „der Grad von Gefährlichkeit und Opferbereitschaft, der heute von uns verlangt wird ... setzt mehr als gute ethische Prinzipien voraus, besonders, da wir wissen, dass der Erfolg unseres Kampfes wahrscheinlich den totalen Zusammenbruch unserer nationalen Einheit bedeuten wird. Aber wir sind bereit, dem ins Gesicht zu sehen „Schon damals“, so schreibt George F. Kennan, der amerikanische Diplomat, von ihm, „hatte er über die ganze schmutzige Arroganz und den scheinbaren Triumph des Hitlerregimes hinweg die endgültige Katastrophe erblickt, ihre Qualen durchlitten und sie akzeptiert.“ Akzeptiert hatte er wohl auch seinen eigenen Tod. Bereits 1941 hatte er sich vom Gefängnisgeistlichen Harald Poelchau genau die letzten Stunden und Schritte eines zum Tode Verurteilten schildern lassen. Moltke hasste es, unvorbereitet in eine Situation zu gehen.

Einübung in die Tapferkeit des Märtyrers dieses alles, der mehr aushalten muss als nur den physischen Schmerz, vor dem Moltke Angst hatte. Aushalten muss er auch das schmählich Verworfenwerden als dieser Mensch, diese Person, von denen, die zwar die Macht aber kein Recht dazu haben. Standhalten muss er dem Sturm der inneren Auflehnung, die dazu drängt, Böses mit Bösem zu vergelten, standhalten schließlich muss er dem Strom verzweifelten Fragens: Warum und wozu geschieht dies mir? Dieses Standhalten in Geduld macht erst den Starkmut des Märtyrers aus.

In dieser Zeit erschließt sich seinem Suchen und Fragen neu und tiefer die Glaubwürdigkeit der Botschaft Jesu Christi, sodass er selbst von einer Wandlung schreibt, die in ihm vorgegangen sei. „Ich glaube nicht, dass ich weniger pessimistisch bin als früher; ich glaube nicht, dass ich das Leid der Menschheit jetzt, wo es grob materialistische Formen angenommen hat, weniger fühle. Ich finde auch heute, dass der Mörder mehr zu bedauern ist als der Gemordete, aber trotzdem ertrage ich es leichter; es hemmt mich weniger als früher. Die Erkenntnis, dass das, was ich tue, sinnlos ist, hindert mich nicht, es zu tun, weil ich viel fester als früher davon überzeugt bin, dass nur das, was man in Erkenntnis der Sinnlosigkeit allen Handelns tut, überhaupt einen Sinn hat."

Dieses Paradox bestimmte mehr und mehr sein Leben. Es ist das Paradox, das ihm im Leben und Sterben Jesu Christi aufgeleuchtet war, voller Kraft und Verheißung. In der Annahme dieses Paradoxes war für ihn auch der grundsätzliche Verzieht auf den Erfolg seines Kampfes gegen das Hitlerreich enthalten; das machte ihn innerlich freier und überlegener.

Die Antwort, die er mir auf meine Frage im KZ gab: „Haben Sie noch Hoffnung?" hätte er schon damals geben können: „Hoffnung ist nicht mein métier." Hoffnung, wie ich sie gemeint hatte, auf einen guten Ausgang seiner Sache, hatte er nicht. Diese Art Hoffnung, die ja auch natürlicher Optimismus oder wishful thinking genannt werden kann – das alles hatte er hinter sich gelassen. Sie passte nicht zu seinem erbarmungslosen Realismus, der stets mit dem Schlimmeren rechnete und sieh auf das Schlimmste gefaßt machte, und sie passte eben überhaupt nicht mehr zu seiner Einsieht, dass ein Eintreten für Wahrheit und Gerechtigkeit in diesem totalen Unrechtsstaat sinnlos und dennoch unabdingbar notwendig war. Notwendig aus Liebe zu Gott, dem einzig wahren und gerechten, notwendig auch aus Liebe zum Menschen als Aufweis für die Freiheit des Geistes inmitten aller Unterdrückung, als Zeugnis für letzte Geborgenheit inmitten aller Ungeborgenheit.

Eine jüdische Leidensgefährtin, die französische Philosophin Simone Weil, hat in ihrem Traktat „Das Unglück und die Gottesliebe" diesem Paradox, dem Moltke und die unzähligen anderen ausgeliefert, von dem sie zugleich schützend umfangen waren, folgenden Ausdruck gegeben: „Gott hat seine Schöpfung aus Liebe, um der Liebe willen erschaffen. Gott hat nichts anderes geschaffen als die Liebe selbst und die Mittel der Liebe. Er hat alle Formen der Liebe erschaffen. Er hat in allen möglichen Abständen Wesen erschaffen, die der Liebe fähig sind ... Aber von Urbeginn hat die Menschheit, wie uns gesagt ist, ihren Blick von Gott abgewandt und ihren Weg in verkehrter Richtung genommen, soweit ihre Schritte sie führen ... Daraufhin ist Gott selbst, weil kein anderer es tun konnte, bis in die äußerste Entfernung, den unendlichen Abstand von sich selber hinausgegangen. Dieser unendliche Abstand zwischen Gott und Gott – äußerste Zerreißung, Schmerz, dem kein anderer gleichkommt, Wunder der Liebe – dieser Abstand ist die Kreuzigung. Diese Zerreißung, über welche die höchste Liebe das Band der höchsten Einigung ausspannt, hallt unaufhörlich durch das ganze Weltall, vom Grunde des Schweigens gleich zwei getrennten und verschmolzenen Tönen, als eine reine, herzzerreißende Harmonie. Dies ist das Wort Gottes. Die in der Liebe ausdauern, hören diesen Ton aus dem tiefsten Grunde ihrer Verlorenheit, wohin das Unglück sie hinabgestoßen hat. Von diesem Augenblick an sind sie allen Zweifeln enthoben.

Ein blinder Mechanismus, der auch der höchsten geistlichen Vollkommenheit nicht achtet, schüttelt und schwenkt die Menschen unaufhörlich hin und her und schleudert einige unmittelbar zu Füßen des Kreuzes hin. Es hängt nur von ihnen ab, ob sie durch diese Erschütterungen hindurch die Augen auf Gott geheftet halten oder nicht. Nichts außer der blinden Notwendigkeit kann einen Menschen an den Punkt des äußersten Abstandes, unmittelbar neben das Kreuz schleudern, Die menschlichen Verbrechen, die meistens Ursache des Unglücks sind, bilden einen Teil der blinden Notwendigkeit, denn die Verbrecher wissen nicht, was sie tun." (Das Unglück und die Gottesliebe, S. 118 ff).

Moltke war einer jener Zahllosen, die von der blinden Notwendigkeit einer auf vollen Touren laufenden Vernichtungsmaschinerie ergriffen und zu Füßen des Kreuzes geschleudert wurden, ohne Rücksicht auf seine geistige Vollkommenheit. Er blieb in der Harmonie des Wortes Gottes, er hielt den Blick auf Gott geheftet – immer durch Freyas Antlitz hindurch – und hatte inmitten seines Untergangs die tiefe Befriedigung, dass sein Zeugnis angenommen wurde.

In der Verhandlung vor dem Volksgericht wurde es unmißverständlich deutlich, dass er vor dem Richter stand als Christ und nichts anderes und dass er zum Tode verurteilt werden mußte, nicht für das, was er getan hatte, sondern für das, was er war. Wenn einer den Beweis für die Gottlosigkeit des Hitlerregimes sucht, dann lese er das Verhandlungsprotokoll: Moltke ist ihr Zeuge. Und er staunt im Rückblick auf diese Stunde über die innere Zielstrebigkeit seines Lebens, „für die der Herr sich all diese Mühe gegeben hat." Dieses Aufleuchten des Sinnes, an den er sein Leben gehängt hat, erfährt er als ungeheure Demonstration von Gottes Gegenwart und Allmacht. „Gott vermag sie eben auch zu demonstrieren und zwar ganz unmißverständlich zu demonstrieren, wenn er genau das tut, was einem nicht passt."

In der Annahme des Unsinnigen um eines höheren Sinnes willen, im Eingehen auf leiblichen Tod, um des ewigen Lebens willen vollendet sieh dieses Leben sich selbst zum Trost und uns zum Zeichen in der Begegnung mit Gott, dem einzig Wahren und Lebendigen.

Uns Heutige trennt mehr als eine Generation von diesem Mann – gibt es ein Erbe, das er uns hinterlassen hat? Die schriftlichen Entwürfe aus dem Kreisauer Kreis, soweit sie nach Kriegsende überhaupt greifbar waren, haben kaum einen Interpreten gefunden – diese waren fast alle entweder umgebracht oder umgekommen. So haben Moltkes Pläne bei der Neuordnung unseres Staates keine Rolle gespielt.

Umso wichtiger ist es darum, so scheint mir, dass wir die zeitgeschichtliche Mahnung verstehen, die von Moltkes und seinem Leben selbst ausgeht. Sie ist ja auch die Antwort auf seine Frage nach dem Menschenbild.

Moltke war in der Weimarer Zeit ein leidenschaftlicher Demokrat gewesen und war mit leidenschaftlichem Ernst darum bemüht gewesen, den sittlichen Anforderungen, die diese Staatsform ihm auferlegte, gerecht zu werden. Dabei kann der Staat selbst, der nach Moltkes Auffassung ein Abstraktum ist, weder seine eigene Sinngebung noch die Setzung eines ihn tragenden Ethos aus eigener Machtvollkommenheit leisten. Sondern die Setzung von Sinn und Sitte, die Maßstäbe von Gut und Böse müssen in der christlichen Religion gefunden werden. Leidenschaftlich fordert Moltke darum in seinen Entwürfen zur Neuordnung unseres Staates die Rückbindung der Politik an die Religion, genauer: die Rechtfertigung politischen Handelns aus den sittlichen Geboten und Maximen der christlichen Offenbarung.

Moltke erlebte die Absage an die Weimarer Republik als eine Art Kapitulation vor der Mühsal der Demokratie, die dem einzelnen Bürger eine größere Last des Denkens und Mittragens auferlegt als er normalerweise zu leisten imstande oder auch willens ist.

Im Sieg des Faschismus sah Moltke nicht etwa nur ein deutsches oder italienisches Problem, sondern in diesem Phänomen enthüllt sich ihm die Anfälligkeit der religionslos gewordenen modernen Massengesellschaft für eine heilversprechende Ideologie.

Jede Ideologie aber – wie immer sie sich selbst rechtfertigt: ob mit dem Rassenwahn oder dem Klassenkampf, dem Zwang zum Fortschritt oder zur Weltherrschaft – jede fordert auf die Dauer den Preis der Freiheit des einzelnen, weil sie ihn einem Absolutum unterordnet, das in Wahrheit keines ist.

Selbstverwirklichung oder Hingabe?
Eine Hommage an Freya von Moltke

Der Titel enthält mit Bedacht zwei Stichworte, die in der gegenwärtigen Diskussion um die Frau als Gegensätze empfunden und behandelt werden.

Die Frau, so das klischeehafte Denken hinter dem ersten Begriff, die ihren eigenen Wert erkannt hat, ist bestrebt, im beruflichen Engagement ihre Fähigkeiten zu entfalten, sich einen Freiraum für ihre privaten Wünsche, Neigungen und Interessen zu schaffen und so in den Genuss von Freiheit und selbst gewählter Lebensfülle zu gelangen. Die Frau, die stattdessen Hingabe als Lebensform wählt – wir bleiben noch beim Klischee – wählte damit auch Abhängigkeit; sie will nicht selbst über sich verfügen, sondern ist damit einverstanden, dass ein anderer das tut, dass auch die Inhalte ihres täglichen Lebens von anderen für sie bestimmt werden, nicht von ihr selber.

Klischee noch ein drittes Mal: Das erste Modell „Selbstverwirklichung" ist maßgeblich für die moderne Frau von heute, gerade auch bezüglich einer partnerschaftlichen Gestaltung von Ehe- und Familienleben; nach dem Modell Hingabe war dahingegen das Verhältnis Frau-Mann-Familie konstruiert in der vergangenen Epoche patriarchalischer Gesellschaftsstrukturen

Sie ging in unbilliger Weise zu Lasten der Frau, so wird es heute gesehen. Damals war sie unterdrückt, heute ist sie frei.

Natürlich sind diese Vereinfachungen falsch, aber sie sind so weit verbreitet, werden so unkritisch weitergereicht und angewendet, dass jeder Versuch, ihre Geltung in Frage zu stellen, gerechtfertigt ist, auch der vorliegende.

Freya von Moltke, eine große Frau unserer Epoche, eine von vielen.

Wieviele Menschen denken bei dem Namen Moltke immer noch und zuerst an den Feldmarschall von 1866? Wieviele denken an seinen für uns viel bedeutenderen Großneffen Helmuth James von Moltke, den führenden Kopf des Kreisauer Kreises?; der von den Nazis zum Tod durch den Strang verurteilt wurde, weil er „mit anderen (Delp, Gerstenmaier) Fragen praktisch-ethischer Forderungen des Christentums besprochen hatte? Nichts weiter, dafür allein werden wir verurteilt." (Aus Moltkes letzten Briefen an seine Frau, 10. Aufl. 1965, S. 51).

Wer jemals die letzten Briefe Moltkes an seine Frau gelesen hat, konnte das nicht tun, ohne tief ergriffen zu werden von der Größe, Schönheit und Tragik dieses Lebens, das sich – kämpfend nur mit den Waffen des Geistes und Herzens – dem infernalischen Geist der Naziherrschaft entgegengestellt hat. Er und seine Frau wussten beide von Anfang an, dass dieser Widerstand das Leben kosten könnte; nach seiner Verhaftung, Anfang 1944, mehr noch nach dem 20. Juli, wurde es immer gewisser, dass er die Freiheit des Geistes mit dem Tod bezahlen mußte. Nur er – nicht auch sie? Hatte nur er gekämpft, nicht auch sie? War der Sieg über alle Todesfurcht nur der seine, nicht auch der ihre? Ja, hätte er ihn je in dieser Reinheit errungen, wenn er nicht die Gewissheit ihrer, ihn bis in den Tod begleitenden Liebe gehabt hätte?

„Ich bejahe das Leben und Sterben meines Mannes", antwortet sie Jahre später auf die Frage, ob der Tod ihres Mannes auch heute noch sinnvoll sei: „Er hat sich gelohnt im Gegensatz zu all den schrecklichen Tötungen von Hitler" (Köhler, aus. „Befreiung", Zeitschrift für Politik und Wissenschaft, 1985, Nr. 29, S. 34).

Es legt sich heute nahe, in der Diskussion um die Frau von den Frauen dieser Männer des Widerstandes zu sprechen, von denen keiner der Held geworden wäre, hätte er nicht die Frau gehabt, die ihn um seiner selbst willen zur letzten Konsequenz ermutigte und gleichzeitig bereit war, alle „Folgekosten" auf sich zu nehmen.

Wie dachten sie über Selbstverwirklichung und Hingabe?
„Ich habe oft über mich in dieser neuen feministischen Zeit nachgedacht, dass ich doch eigentlich eine vollkommen freie und befreite Frau war und doch nichts anderes tat als meinen Mann unterstützen ... Es ist eine wunderbare Kombination, aber dazu gehört eben ein herrlicher Ehepartner, den ich hatte. Ich kann es den anderen Frauen nur empfehlen, so zu leben (Aus einem Interview mit E. Görner, Quelle unbekannt). Diese Sätze stammen von Freya von Moltke, deren glückliche Ehe nur 14 Jahre dauerte; dann wurde ihr Mann, erst 38jährig, im Februar 1945 von den Nazis gehenkt.

Wie sah diese wunderbare Kombination aus in ihrem Leben? äußerlich? innerlich? und welches Gesetz lag ihr zugrunde?
Freya von Moltke, geb. Deichmann, entstammte einer alten und wohlhabenden Kölner Bankiersfamilie. Als sie mit 19 Jahren ihrem künftigen Mann zum ersten Mal begegnete, war ihre Entscheidung für ihn sehr rasch gefallen. Moltke selber hingegen, damals erst 23 Jahre alt, noch unfertiger Jurist und Herr eines hochverschuldeten Gutes, war jedem Gedanken an Ehe und Familie aus tiefster Überzeugung abgeneigt. Er mußte erst von Freya lernen, dass er sich selbst und sein Leben auch anders sehen, dass er es lieben konnte.

Als sie 1931 heirateten, war die Wirtschaftskrise auf dem Höhepunkt. Mittellos, wie sie beide waren – die Bank der Deichmanns war im großen Bankkrach desselben Jahres kaputtgegangen, und in Kreisau hatte man zugunsten der Sanierung des Betriebes auf alle Einkünfte verzichtet – lebten sie im schwiegerelterlichen Haushalt von Helmuths schmalem Referendarsgehalt. Das Leben in Kreisau von spartanischer Einfachheit und äußerster Sparsamkeit.

Der gebotene Verzicht auf alle materiellen Annehmlichkeiten wurde wettgemacht durch geistvolle Unterhaltungen und ein sehr warmherziges Familienleben. An Helmuths Seite wurde aus der rheinländischen Studentin eine schlesische Land- und Gutsfrau. In ihrer Stellung als Gattin des Gutsherrn mußte sie während seiner vielen Abwesenheit außer den sachlichen Aufgaben vor allem die Pflege der sozialen Kontakte zu den Dorfbewohnern, den Angestellten und Landarbeitern wahrnehmen. Dass es Helmuth und Freya gelang, diese Beziehungen bis zum Schluss so zu gestalten, dass ihr Haus in Kreisau auch während des Krieges frei blieb von Bespitzelung und Verrat, ist in sich ein Beweis dafür, wie beliebt sie und ihr Mann bei den Leuten waren.

Mit Ausbruch des Krieges wurde Moltke eingezogen und als Kriegsverwaltungsrat beim Oberkommando der Wehrmacht (OKW) eingesetzt. In dieser Position tat er sein Möglichstes, um in den von deutschen Truppen besetzten Ländern die Menschen, besonders die Juden vor Unrecht zu schützen oder doch zu warnen. Außerdem suchte er Gleichgesonnene, mit denen er konstruktive Pläne für die Zukunft entwickeln konnte, wenn es eines Tages möglich sein würde, im deutschen Volk Wahrheit, Freiheit und Recht wieder zur Geltung zu bringen. Thema des Kreisauer Kreises war nicht der Umsturz, sondern der Aufbau, getragen möglichst von allen noch intakten moralischen Kräften des Landes – den Kirchen, der Arbeiterschaft, der wenigen Intellektuellen, die es noch gab.

Freya wusste von diesen Verhandlungen, dreimal fanden die Besprechungen in Kreisau statt (daher der Name Kreisauer Kreis), meistens traf man sich aber in Berlin in einer der Wohnungen der Anhänger. Freya wusste natürlich auch von der Gefahr, in die ihr Mann und seine Freunde sich begaben, aber sie hatte ihn selbst dazu ermutigt, diesen Kampf auf sich zu nehmen. „Ich möchte mich gegen das Dritte Reich mehr einsetzen", sagte er ihr eines Tages. „Das ist lebensgefährlich, trägst du es mit?" „Ja, das musst du tun", hat sie ihm geantwortet, und hat fortan sich voll hinter ihn und seinen Weg gestellt. „Von dieser Entscheidung an hatte er Lust am Leben" stellt sie fest. Er, der sich früher gelegentlich kränklich zeigte, worin sich doch seine Unlust am Leben niederschlug, „er wurde ganz gesund, als er in der selbstgewählten Schlacht lag". (Interview Köhler, Moltke, a.a.O., S. 33).

1944 im Februar wurde Helmuth von Moltke verhaftet: Er hatte einen anderen gewarnt, dass er bespitzelt würde. Das genügte, um ihn selber verdächtig zu machen.

Für Freya beginnen nun die Wochen und Monate bebender Ungewissheit, zahlloser Reisen nach Berlin mit demütigenden Bittgängen zu den verschiedenen Dienststellen, Gefängnissen, Parteibonzen – immer mit der Angst im Nacken: Geschieht auch nichts zu Hause in Kreisau mit ihren beiden Söhnen, die damals 6 und 2 Jahre alt waren. Die Luft in Berlin war unheilgeschwängert nicht nur durch die sich mehrenden Bombenangriffe, sondern mehr noch durch die sich verschärfende Willkür nationalsozialistischer Justiz. Nach dem 20. Juli schwand jede vernünftige Hoffnung, dass Moltke zu retten sei – nicht weil man ihm etwas Strafwürdiges vorwerfen konnte, sondern „weil er zusammen mit anderen nachgedacht hatte", letztlich weil er ein Christ und kein Nazi war, wurde er umgebracht.

Freya hat ihn, allein schon dank seiner täglichen Briefe durch alle Höhen und Tiefen dieser dramatischen Monate, Wochen und Tage begleitet, selber dabei immer in der Position des Außenstehenden und ganz und gar Ohnmächtigen und doch ihm näher als irgendein anderer. Dabei war sie gleichzeitig voller Eifer und Einfälle im Rahmen ihrer geringen Möglichkeiten, ihm Last abzunehmen, Last tragen zu helfen. Freude am Leben, Mut und Hoffnung für die Zukunft zu geben. Dies sicher nicht im Sinne eines banalen Optimismus „es wird alles noch gut ausgehen", sondern durchaus in dem strengen Sinne, dass es um letzte Bewährung vor Gottes Richterstuhl geht, um letztes Bestehen auf Grund von Gottes Barmherzigkeit.

Freyas Kraft, das Leben zu bejahen, mit der es ihr gelungen ist Moltkes Lebenspessimismus zu besiegen, steigerte sich in diesen Wochen aufs Höchste. Die Briefe ihres Mannes aus diesen Tagen sind erfüllt vom Widerschein des Lichtes, das sie in sein Leben gebracht hatte. Man kann sich schwer vorstellen, in welchem Zustand von Schmerz und tödlicher Trauer Freya zwei Tage nach Moltkes Hinrichtung Berlin verließ, um sich auf den schweren Weg zurück nach Kreisau zu machen. Das verwaiste Haus, die herannahende Ostfront, der von Flüchtlingen überflutete Hof, die von Naziterror und Bombenangriffen aufgescheuchte Bevölkerung, dazu die gänzlich ungelöste Frage ihrer eigenen Zukunft

Liest man Freyas eigenen Bericht über „Die letzten Monate in Kreisau", (Freya von Moltke, I. Frisley, M. Balton, Helmuth James von Moltke, Dt. Verlags-Anstalt 1975, S. 317ff.) so fällt einem auf, dass die Sorge für die ungetrübte Lebensmöglichkeit der Kinder auf dem Hof an erster Stelle steht. Im übrigen sorgt sie sich um Verpflegung und Gesundheit aller Bewohner, um Unterkunft für Flüchtlinge, um Recht und Ordnung seitens der jeweiligen Besatzungsmacht, um den Schutz der Mädchen vor dem Zugriff der Russen ... Unermüdlich ist sie tätig, das ihr verbliebene, ihr anvertraute Leben in Freude bejahend wie eh und je, in bleibender tief innerlicher Verbundenheit mit Helmuth.

Bis Ende Oktober 1945 blieb sie noch auf dem erst von Russen, dann von Polen besetzten Hof. Dann gelang es ihr, mit Hilfe englischer Freunde, sich nach Berlin abzusetzen. Dort konnte sie nicht bleiben, da sie gänzlich mittellos war: Das Gut war enteignet, das Vermögen von den Nazis beschlagnahmt, ihre Freunde waren tot oder in der gleichen Lage. Sie wanderte aus nach Südafrika, wo ihr ein kleines Erbe ihrer angelsächsischen Schwiegereltern zur Verfügung stand, dessen Zinsen gerade ausreichten, um die Schulen für die beiden Söhne zu bezahlen. Den Unterhalt für die Familie verdiente Freya selber. An sich hatte sie Jura studiert, in Kreisau hatte sie sich alle Fertigkeiten und Kenntnisse einer allround Haus-, Land- und Gutsherrin erworben; nun arbeitete sie als Fürsorgerin bei behinderten Kindern. Als die Konfrontation mit der südafrikanischer Rassenpolitik unerträglich wurde, ging sie zurück nach Berlin, wo sie, zusammen mit den Witwen anderer Widerstandskämpfer, an der Herausgabe von Biographien, Briefen und Dokumenten zur Darstellung der Geschichte ihrer geschmähten und immer noch und fast schon ganz vergessenen Ehemänner Moltke, Stauffenberg, Schwerin, Leber ... und wie sie alle hießen, arbeitete. Die Pension, die ihr vom neuen deutschen Staat zehn Jahre nach Kriegsende zuerkannt wurde, entsprach genau den wenigen Dienstjahren ihres Mannes als Kreisverwaltungsrat im 0KW. Sie reicht für ein bescheidenes Leben.

Seit 1960 lebt Freya in der Nähe ihrer Söhne in Vermont, USA. Ihr verdanken wir alles, was wir von Helmuth James von Moltke wissen: Zusammen mit seinen englischen Freunden Frisby und Balfour schrieb Freya die Biographie Moltkes; ihrer Treue und Umsicht werden wir demnächst das kostbarste Vermächtnis zu danken haben: Die vollständige Ausgabe der Briefe an sie, die ein einziger Beleg sind für „die wunderbare Kombination“, die Freya ihrem Mann gegenüber eingegangen war und für die politische Weite, moralische Stärke und menschliche Größe, ihres „herrlichen“ Mannes.

Freyas Schicksal ist kein Einzelschicksal. Im Vergleich mit den anderen Witwen der Widerstandskämpfer fallen die vielen Ähnlichkeiten auf bis hin zu der Tatsache, dass keiner dieser Männer die menschliche und moralische Höhe erreicht hätte ohne den Rückhalt in der Liebe seiner Frau.

Handelt es sich bei dieser Liebe um Selbstverwirklichung oder um Hingabe?

Freya von Moltke selbst bekennt von sich: „Ich war lebensbejahend. Für mich bestand es (das Leben) aus Helmuth: Mit ihm sein, das Leben mit ihm teilen können. Das hat nichts mit Besitzenwollen zu tun. Ich wollte lieben – ich wollte gleich den schönsten Teil der Welt. Was ich hatte: Lebensenergie. Man kann das vergleichen mit Kraftströmen, die man braucht, um Licht zu machen. Die gab ich ihm … Als ich ihn kennenlernte, war er älter, als er starb, wurde er immer jünger …“ (Köhler/Moltke, a.a.0., S. 33).

Helmuth gegenüber war ihr Leben ganz und gar geleitet vom Kompass der großen Liebe. Später formuliert sie das bleibende Prinzip abstrakter. „Ich habe immer die menschlichen Belange allen anderen vorgezogen und habe meine eigene Karriere hintangesetzt … Alles, was ich getan habe, kam immer aus menschlichen Belangen, nicht aus den politischen. Mein Leben hat sich aus den menschlichen Anforderungen entwickelt … sie ergeben sich dauernd.“ (Interview Görner/v. Moltke).

Dieses letzte Bekenntnis ihrer grundsätzlichen Lebensorientierung taugt als Kennzeichnung ihres Selbstverständnisses als Frau. In klarer Abgrenzung steht ihm Moltkes eigenes Geständnis als Produkt seines männlichen Geistes gegenüber: Er wollte für die Zukunft nach dem Hitlerreich die Bedingungen und Notwendigkeiten klären, die bedacht und erfüllt werden mussten, um aus den Deutschen nach den Jahren furchtbarer Verführung wieder verantwortlich denkende und handelnde Menschen zu machen. Menschliche Belange hier wie dort: Spontan, praktisch, konkret, hic et nunc bei der Frau, theoretisch erörtert zur Sicherstellung funktionsfähiger zwischenmenschlicher Praxis bei dem Mann.

Aber beides wächst aus der einen Wurzel, „ob sie es nun Liebe nennen, es ist die Zuwendung zum anderen Menschen, da, wo man mit den Schwierigkeiten der menschlichen Existenz fertig wird. Und darum muss man miteinander sprechen. Das ist die Mindestform der Liebe."

Im Gespräch zwischen Freya und Helmuth von Moltke ging es ihnen anfangs um ihre ganz persönlichen Lebensfragen. So übereinstimmend ihre Anschauungen im allgemeinen waren, so unterschiedlich waren sie in Temperament und Gemütsart. Später traten die politischen Fragen mehr in den Vordergrund. Am Ende waren es die letzten Dinge des Menschen, deren Einsicht und Bewältigung sich gemeinsam alle Kraft und Aufmerksamkeit zuwandten.

Das Gespräch, diese Mindestform der Liebe, war von Moltke selbst auf gänzlich anderem Gebiet ebenfalls auf einen einsamen, aber weithin leuchtenden Höhepunkt geführt. Er hatte es unternommen Christen und Kommunisten, Katholiken und Protestanten, Vertreter des Militärs und der Gewerkschaften miteinander ins Gespräch zu bringen. Von ihnen allen erhoffte er einen konstruktiven Beitrag zur Überwindung der bevorstehenden „Schwierigkeiten menschlicher Existenz" nach dem verlorenen Kriege.

Seine Hoffnungen blieben unerfüllt. Freya und Helmuth, beide haben um „der menschlichen Belange willen" auf ihre Karriere verzichtet. Moltke wäre gern Richter oder auch Politiker geworden, wurde jedoch durch das NS-Regime in die Rolle des Widerstandskämpfers gedrängt. Freya hätte beruflich vieles werden können, aber Lebensinhalt war Helmuth, für dessen volle Entfaltung sie alle Kräfte einsetzte: Zuerst im Kampf gegen seine Unlust am Leben und um mehr Vertrauen in seine zögernde Liebe zu Freya. Dann der Kampf an seiner Seite für Kreisau, das mehr und mehr ihr eigenstes Aufgabenfeld wurde. Schließlich Kampf um die Erhaltung seines Lebens oder doch um Linderung seiner Haftbedingungen bis hin zum letzten Vorstoß in

Himmlers Büro, wo sie darum bat, ihrem Mann für die Verhandlung vor dem Volksgerichtshof einen Stuhl zu gewähren, da er wegen eines schweren Hexenschusses nicht aufrecht stehen konnte.

Nach Helmuths Tod kämpfte sie für eine glückliche Jugend seiner Söhne, um die Rehabilitierung seines Ansehens und des Ansehens seiner Freunde – um seinetwillen wird auch sie ein „Widerstandsmensch“, wie sie selbst sagt und „eine tolle Dienerin, und damit habe ich glücklich gelebt. Obwohl ich nicht das hatte, was ich wollte. Das ist genau meine Art zu leben, und das lebe ich immer noch.“

Die Herzensfreiheit und -weite, in der Freya von Moltke ihr dienendes Leben gelebt hat, der innere Reichtum, den sie dabei zu wecken verstand, indem sie den ihren verschwendete, das lässt sich auf die einfache Formel bringen: Selbstverwirklichung durch Hingabe. Hingabe nicht an das eigene Selbst, sondern an das eines anderen und dies nicht primär um dessentwillen, sondern nochmals in Bejahung des höchsten Gutes, das dieser sich für seine Hingabe erwählte. Das, wozu sich einer bekennt, darin gibt er sich zu erkennen, darin sucht er seine Erfüllung.

Freya von Moltke und ihr großer Mann haben beide mit ihren Leben, die so zusammengehörten und doch so unterschiedlich verliefen, ein eingehendes Bekenntnis abgelegt für die Freiheit und Würde des Menschen, indem sie ihr Leben – jeder auf seine Weise – hingaben für jene, die sie liebten.

„Das Licht in der Finsternis":
Über die bleibende Bedeutung des 20. Juli 1944

„Das Licht, das im Finstern leuchtet" – dieses Bild fällt mir ein, wann immer ich dem Datum 20. Juli begegne. Doch ich will gleich als notwendige Ergänzung hinzufügen: Das Licht leuchtet wohl in der Finsternis, aber es erleuchtet sie nicht, es hebt die Finsternis nicht auf, es dient, so scheint es auf den ersten Blick, nur der Kontrastwirkung, die auch die Dunkelheit deutlicher hervortreten lässt. So ist in meinen Augen der 20. Juli als geschichtsträchtiges Datum zunächst durch eine schillernde, mich immer neu erschreckende Ambivalenz gekennzeichnet: Inmitten des selbst verschuldeten Unterganges des deutschen Reiches ereignet sich die menschliche Tragödie des gescheiterten Attentats und reißt die letzten Hoffnungsträger mit in den Abgrund der totalen Niederlage. Die Hoffnung vieler auf das Ende der Hitlerdiktatur sah sich getäuscht. Stattdessen steigerte sich der Größenwahn der Machthaber in einen ausufernden Vernichtungswillen, vor dem niemand wirklich geschützt war. Die Fahndung nach Mittätern hat zu 7.000 Hinrichtungen geführt.

Ich erinnere mich an den Schock der Empfindungen, der von der raschen Folge der sich widersprechenden Meldungen ausging: Gegen 13 Uhr teilte mir ein aufgeregtes Klopfzeichen meines Zellennachbarn in Ravensbrück mit: Hitler ist tot! Ich hätte laut aufschreien können vor Glück und Erleichterung. Aber schon etwa zwei Stunden später kam die Nachricht, die alle Hoffnungen niederschlug: Hitler lebt; und wir alle wussten, was das für seine Feinde – und unsere Freunde – bedeutete. Dass das Attentat gewagt worden war, erfüllte uns mit Genugtuung, aber dass es wieder, wie schon so viele andere Versuche, an einem unvorhersehbaren und unverschuldeten Irrtum scheiterte, war eine schwer zu bestehende Prüfung unseres Glaubens an einen gerechten und gnädigen Gott. Dabei war doch gerade dieser Glaube eines der großen Motive, die die Männer des 20. Juli zum Handeln bewogen hatten.

In den zwölf Jahren der fühlte sich das Leben in Deutschland zunehmend an, als bewegte man sich unter einem schweren schwarzen Tuch, unter dem man kaum atmen und nichts mehr klar wahrnehmen konnte. Seit Kriegsbeginn waren kleine Fetzen aus den heimlich abgehörten Nachrichten der BBC die einzigen glaubwürdigen Informationen, an denen man sich orientieren konnte, doch ihre Beschaffung und Weitergabe waren lebensgefährlich. Mit ihrer Hilfe verfolgten wir das zunehmend unübersichtliche Kriegsgeschehen und schließlich voller Hoffnung den täglich spannender werdenden Wettlauf der alliierten Streitkräfte von Ost und West in Richtung Berlin. Gleichzeitig erlebten wir in Mitleid und Verzweiflung den immer chaotischeren Rückzug der geschlagenen deutschen Armeen aus all den freventlich überfallenen und usurpierten Nachbarstaaten des europäischen Kontinents „heim ins Reich". Was für eine grauenhafte Vergeudung von Menschenleben und Material bedeutete diese Verlängerung des Kriegs, dessen Sinnlosigkeit doch allen Generälen bekannt war! Hitlers tausendjähriges Reich hatte nur zwölf Jahre gebraucht, um aus halb Europa einen qualmenden Trümmerhaufen zu machen und unser Volk in seine tiefste Schande zu führen.

Das vorletzte Kriegsjahr war das verlustreichste an Menschen und Material. Strategisch war es ohne Bedeutung, psychologisch gesehen eine Flucht aus einer Wirklichkeit, die für alle unerträglich geworden war. Um Weihnachten stieg die Zahl der Selbstmorde in der Armee drastisch an. Allgemeine Ratlosigkeit herrschte angesichts der Last so vieler, so unsäglicher Leiden, des Fluchs von so viel Lüge und Gewalt, Raub und Totschlag, Feigheit und Verrat. Wer konnte das rechtfertigen? Wer konnte hier noch vergeben, wieder gutmachen, das Gewissen beruhigen? In dieser Bedrängnis war der Gedanke an den Tod auf dem Felde der verratenen Ehre weniger belastend als die Frage, welche Kämpfe es kosten würde, aus den Trümmern der alten Heimat eine neue aufzubauen.

Wir wurden alle heimgesucht von tiefer Resignation. Wer das Attentat als einen Befreiungsschlag erwartet hatte, konnte an diesem Tage der Sonne nicht ins Gesicht sehen. Wir wagten auch nicht, einander in die Augen zu blicken, um nichts preiszugeben von der Hilflosigkeit unserer so verwirrten wie verzweifelten Gedanken und Empfindungen. Wir alle brauchten Zeit, bis wir unsere geschockten Gefühle wieder so im Griff hatten, dass sich ein vernünftiges und verantwortungsbewusstes Denken durchsetzen konnte. Die gestraffte Organisation und erhöhte Alarmbereitschaft der SS nach dem 20. Juli verlangten uns neue Vorsicht und Aufmerksamkeit ab. Mit äußerer Gelassenheit und Fremdheit mussten wir unter den Augen des Wachpersonals Männern wie Graf Moltke oder Baron Guttenberg begegnen, die in das KZ Ravensbrück eingeliefert wurden. Auf ihre geistige und moralische Kraft hatten sich die Hoffnungen vieler auf eine Neugestaltung unseres Landes gestützt. Für uns waren einige von ihnen auch persönliche Freunde. Wenn zum Beispiel Moltke abends um 10 Uhr in Fesseln zum Verhör geholt wurde und erst am nächsten Morgen zurückkehrte, war es vorbei mit der Nachtruhe.

Inzwischen weiß man, was damals im undurchdringlichen Dunkel und in der Enge des Gefängnishofes in der Bendlerstraße sich vollzog, wo Helden als Verräter beschimpft und erschossenen wurden und Feiglinge triumphierten. Die Sprachregelung für die Interpretation der Ereignisse war schon nach wenigen Stunden überall und fett gedruckt zu lesen: „Eine ganz kleine Clique ehrgeiziger, gewissenloser und zugleich verbrecherischer, dummer Offiziere hat ein Komplott geschmiedet, um mich zu beseitigen ..." Schon die Zahl der folgenden Hinrichtungen – 7.000, wie bereits festgestellt – entlarvt diese Behauptung als Lüge.

Es ist bekannt, wie all die verleumderischen Berichte nachhaltig das Bewusstsein der Bevölkerung bestimmt haben. Was sich in dieser Nacht wirklich ereignet hatte, wurde von vielen noch lange nach Kriegsende nur zögernd, widerwillig, ungläubig zur Kenntnis genommen. Mit tiefster Hochachtung nur von denen, die sich, aller Verführung zum trotz, ein reines Empfinden für so kostbare Begriffe wie Ehre, Vaterland, Gerechtigkeit erhalten hatten. Erst in den fünfziger Jahren begann sich langsam eine positive Bewertung des damaligen Geschehens durchzusetzen.

Doch es gab für uns damals nicht nur diese eine Wahrheit, die unser nationales Ansehen betraf und der Genüge geschehen musste. Daneben stand – diese weit übergreifende und sie erst einmal zurück drängende – die andere Wahrheit unserer grenzenlosen Entwürdigung, die dem deutschen Volk erst nach Beendigung des Krieges und mit der Öffnung der Konzentrationslager in ihrem ganzen Ausmaß zugänglich wurde. Was man im Ausland all die Jahre gewusst und mit zunehmender Abscheu verfolgt hatte, wurde uns in den ersten Wochen und Monaten nach Kriegsende von den Besatzungsmächten vor Augen geführt: Alle Gräuel, alle himmelschreienden Unrechtsverhältnisse in den zahllosen Konzentrationslagern, die weit verstreut waren in allen Teilen Deutschlands und seiner Nachbarländer. Kriegsberichterstatter der Alliierten überboten sich in immer neuen Fotos, Artikeln, Dokumentationen der menschenverachtenden Methoden, mit denen die Nazis ihre Macht ausgeübt hatten – ein tief entsetzender Blick in die Abgründe des menschlichen Herzens!

Diese Seite der Machtausübung, die in der Geschichte beispiellos ist, war der Bevölkerung sorgfältig vorenthalten worden. Wer darauf anspielte, musste mit KZ-Haft rechnen. Im Ausland aber hatte sich uns Deutschen gegenüber vielerorts eine Mauer aus Abscheu und Verachtung aufgebaut. So brach nach Kriegsende die so lange verleugnete Wahrheit schonungslos über uns herein. Viele waren entsetzt, erschüttert und fassungslos. Die Ausbeutung der KZ-Häftlinge als Arbeitssklaven, ihre völlig unzureichende Versorgung und Unterbringung waren abstoßend bis zur Unerträglichkeit. Ihre Vernichtung in den Verbrennungsöfen aber, die Einstufung von Menschen als Ungeziefer, das man ausrotten müsse, der Völkermord an sechs Millionen vor allem polnischer Juden – die Ungeheuerlichkeit dieser Verbrechen überstieg die Fassungskraft. Selbst angesichts der Beweise weigerte man sich, sie für möglich zu halten. Viele flüchteten in die immer brauchbare Vermutung: „Das meiste ist sicher Feindpropaganda" oder suchten sich in das so oft bekundete Vertrauen zu retten: „Hätte der Führer das gewusst ...".

Das Wissen um so grauenhafte Verbrechen, geplant und ausgeführt von der eigenen Regierung, in sich hinein zu lassen, verlangt viel an innerer Bereitschaft und Anstrengung. Es setzt sich nicht von alleine fest in unserem Denken, dafür ist es zu abstoßend. Das muss man sich immer wieder neu vorsagen und versuchen, es sich vorzustellen, bis man wirklich zu dem Entsetzen vordringt, das dem Tatbestand entspricht. Vielen war der Zugang zur Wahrheit verstellt durch leichtfertigen Unglauben, der meint, sich zu rechtfertigen mit dem Argument: „Das kann ich mir nicht vorstellen ..." – also kann es das so auch nicht gegeben haben... Diesem Unglauben, dieser Sicht, Lästiges zu verdrängen, zu vergessen, bin ich sehr viel öfter begegnet als der Bereitwilligkeit, sich dem himmelschreienden Unrecht mitleidig zuzuwenden.

Nach Kriegsende standen wir alle unter doppelten Schock der militärischen und der moralischen Niederlage. Für eine schwere Stunde in der Weltgeschichte lastete auf uns die Wucht der doppelten Verurteilung, uns militärisch und moralisch disqualifiziert zu haben. Es gab einen kurzen Moment lang keinen einzigen Fürsprecher für uns, gab nichts und niemanden, auf den wir uns berufen konnten als einen Hüter des Rechts, als Zeugen für unsere intakte Gesinnung, mit der wir uns selbst und unseren Freunden treu zu bleiben versuchten inmitten aller Anfeindungen von übermächtigen Gegnern.

In dem inneren und äußeren Elend der Nachkriegszeit versank das Datum des 20. Juli für lange Zeit. Es dauerte zehn Jahre, bis man es ertrug, der Vergangenheit ins Gesicht zu sehen und in dem drückenden Dunkel nach rettenden Lichtzeichen zu suchen. Immer lauter wurde die eine brennende Frage gestellt: Gab es denn damals in unserem Land keinen Sinn mehr für Gerechtigkeit, für Ehre, für Menschenwürde und Barmherzigkeit? Wo sind die, die widerstanden haben? Wo sind die Zeugen dafür, dass es einen richtenden Gott im Himmel gibt?

Tatsächlich brach in dem Augenblick der tiefsten Schmach und Schande, der tiefsten Erniedrigung, den unser Volk bestehen musste, das Licht gerade durch jene Finsternis hindurch, die vielen als die unverzeihlichste gegolten hatte: Das Attentat auf den obersten Kriegsherrn, dem alle Offiziere heilige Eide unverbrüchlicher Treue geschworen hatten. Durch das tausendfache Unrecht, das im Namen des deutschen Volkes geschehen war, fühlten sie sich in ihrer Ehre als Deutsche, als Christen, als Soldaten zutiefst verletzt und verraten und eben darum auch verpflichtet, dem Unheil ein Ende zu setzen. Das Licht, das vom Wollen und Tun dieser Männer und Frauen ausging, hob die Finsternis nicht auf, aber es festigte die Füße derer, die im Licht standen. Hier zeigt sie sich wieder, die eingangs zitierte Ambivalenz: Was scheinbar dem Untergang geweiht ist, enthüllt sich als Bedingung des Aufstiegs.

Das alles war vor mehr als sechzig Jahren. Was uns vom Ausland trennte, ist heute wohl weitgehend abgetragen. Und mit dem Datum des 20. Juli ist das Bekenntnis zu Recht und Wahrheit, Freiheit und Würde, zu Todesverachtung und Gottesfurcht mit unauslöschlichen Lettern in unsere deutsche Geschichte eingegraben. Das sind Grundwerte, ohne die kein Volk seine Identität behaupten kann. Daher gedenken wir heute in tiefer Ehrfurcht und Bewunderung jener ausgezeichneten Menschen, die mit ihrem Leben für die Erhaltung dieser Werte eingetreten sind, als sie durch gewissenlose Machthaber dem größten Missbrauch ausgesetzt waren.

Wir haben überlebt. Haben wir auch überwunden? Die gegenwärtig so oft gehörte Frage: Kann sich dieses unerhörte Geschehen wiederholen, verrät viel von der Unsicherheit, vor der wir im Blick auf unsere Vergangenheit und unsere Zukunft stehen. Die nicht endende Diskussion um die Grundwerte macht es überdeutlich, dass der eigentliche Schaden jener mörderischen Jahre erst jetzt wirklich wahrgenommen wird und in seinen nationalen wie globalen Wirkungen ins Bewusstsein dringt. Verloren gegangen ist uns die Selbstverständlichkeit, mit der wir unsere Existenz geborgen und hingeordnet wussten auf die transzendente Realität des lebendigen Gottes, des alleinigen Herrn über Leben und Tod. Die neue Erfahrung ist die, dass wir – trotz aller aufgeklärten wissenschaftlichen Erkenntnisse über unser ganzes Dasein – die innere Gelassenheit nicht wiederfinden können, mit der wir uns bisher im Sinn des Ganzen aufgehoben gefühlt haben. Es gelingt uns nicht, die für unser gemeinsames Leben unentbehrlichen Richtlinien aus eigener Kraft zu erstellen. Wir wissen, dass wir das Gute tun sollen; aber wenn es Gott nicht gibt, gibt es auch das Gute nicht – so hat es Sartre uns in der Mitte des letzten Jahrhunderts verkündet. Mit anderen Worten hat sieben Jahrhunderte früher Thomas von Aquin dasselbe gesagt, als er das viele Böse als Grund angab für den Unglauben so vieler.

Wir haben überlebt. Haben wir auch überwunden? Diese Frage führt tief in das Herz des je eigenen, des individuellen Erlebens und berührt doch das gemeinsame Leben aller. Überwinden musste jeder von uns in immer neuen Anläufen die Angst vor dem Tod, dem leiblichen und dem seelischen, vor dem Untergang des eigenen Ich, meiner

Person, des Wissens und der eigenen Identität. In diesen sich in tiefer Innerlichkeit abspielenden Kämpfen ging es immer noch einmal darum, das eigene Dasein um seines einmaligen Wertes willen zu bejahen. Dieser Wert, der jahrelang den Angriffen einer zerstörerischen Ideologie ausgesetzt war, hatte sich uns dennoch wieder und wieder kund gemacht in allem, was uns innerlich ja als Glück, als Sinn, als Schönheit und Wahrheit, als kostbar, berührt hatte – ob im Kleinen oder Großen: Im Staunen über eine eben erblühte Rose oder über die Pracht des nächtlichen Sternenhimmels, in der Erfahrung von Freundschaft und Vergebung, von Liebe und Vertrauen, das andere uns schenkten; Erfahrungen schließlich im Rande des von allen Seiten gefährdeten Daseins, dass wir nicht allein gelassen sind, weil der mächtigere Herr des Himmels und der Erde seine Weise hat, uns nahe zu sein.

Aus der Quelle dieser Erfahrungen, die ja nicht unser Werk waren, sondern uns geschenkt wurden, nährten sich der Mut und die Kraft, dem eigenen Untergang in immer neuen Variationen entgegen zu sehen, entgegen zu gehen, von der Gewissheit getragen, dass das, wovon unser Herz berührt wurde, von keinem Tod uns genommen werden kann. Die vielen autobiographischen Zeugnisse aus den Todeszellen bezeugen dieses dramatische, für uns alle verborgen bleibende Ringen jedes einzelnen um den Sieg des Lebens, den Sieg des Lichtes inmitten der Finsternis.

VORBILDER UND MÄRTYRER

Die Heiligen – Botschaften Gottes in die Zeit
Sendung heiliger Frauen in der Geschichte Europas

Die wichtigsten Botschaften in die Zeit die Gott uns zukommen lässt, sind die Heiligen. Die ersten, die diese entdecken und ihre Botschaft hören, sind die Gläubigen selber. Betroffen, angerührt, aufgeweckt von der direkten oder indirekten Begegnung mit einem dieser ausgezeichneten Menschen, werden sie nicht müde, nach ihm zu fragen: Wie war er? Was hat er gesagt? Was hinterlassen? Wie hat er gelebt? Wie ist er gestorben? Wer kann uns sein Leben erzählen? Es hat uns etwas zu sagen!

Wenn die Kirche dann nach gründlicher Prüfung eines solchen Lebens sich entschließt, einen Menschen, der in dieser Weise die Aufmerksamkeit der Gläubigen auf sich gezogen hat, selig oder heilig zu sprechen, dann erhält dieses Leben damit die Bestätigung, dass es eine Botschaft Gottes in unsere Zeit enthält. Es ist das Verdienst des Karmelordens und einiger Freunde und Verehrer Edith Steins, dass heute eine ziemlich lückenlose Kenntnis ihrer äußeren Lebensgeschichte vorliegt. Ihre Spur verliert sich erst zwei Tage vor ihrem gewaltsamen Tode, dessen Datum amtlicherseits auf den 9 August 1942 festgesetzt wurde. Zwei Tage vorher war sie ein letztes Mal vom Stationsvorsteher in Schifferstadt (Pfalz) gesehen und erkannt worden. Die dann folgenden 48 Stunden umschließen ein so unvorstellbares Maß von Angst, Grauen und Schrecken, dass unsere Phantasie ihr nicht mehr zu folgen vermag, kaum vermögen es unsere Gebete. Um so größer sind unser Staunen und unsere Dankbarkeit, mit denen wir ihr großes ruhiges Gesicht auftauchen sehen über den Krematorien von Auschwitz, stellvertretend für alle, die in dieser von Menschenhand bereiteten Hölle den Glauben an die Treue Gottes nicht verloren.

Edith Stein – eine kurze Portraitskizze

Welches ist die Botschaft Gottes, die wir dem Leben Edith Steins entnehmen sollen? Ich setze Edith Steins Lebenslauf als bekannt voraus und will darum nur kurz einige äußere und innere Daten erwähnen, die mir für unsere heutige Betrachtung wichtig sind.

Edith Stein war ein von Natur aus ungewöhnlich reich ausgestatteter Mensch: Sie war begabt mit einem überragenden Verstand und einem unbestechlichen Sinn für Klarheit der Begriffe und Logik des Denkens. Es ist darum nicht verwunderlich, dass schließlich die ureigenste Frage des Verstandes, die Frage nach der Wahrheit, auch ihre Lebens- und Schicksalsfrage wurde. Sie war überdies begabt mit einem zarten Gewissen und einem kindlich warm empfindenden Herzen, denen sie eine Kenntnis des Menschen verdankte, die sie zu ebenso viel Bewunderung wie Mitleid mit ihm bewegte.

Sie war begabt schließlich mit einem starken, disziplinierten Willen, der sie zu einer erstaunlichen Arbeitsleistung befähigte: als Schülerin, als Krankenschwester, als Studentin, Assistentin oder Lehrerin – niemand hat sie je gähnen sehen. Diese hervorragenden, natürlichen Voraussetzungen hatten in ihrer großen, vom jüdischen Glauben geprägten Familie eine hochqualifizierte Erziehung erhalten, in deren Mittelpunkt eine starke, gütige Mutter stand, deren Lebenshaltung geprägt war von der Gottesfurcht. Alle anderen Güter, Werte, Tugenden wurden durch sie relativiert, so dass sich ein Lebensgefühl gefügter Ordnung und stimmiger Zusammenhänge bilden konnte.

Edith Steins Leben verläuft – von außen betrachtet – ungewöhnlich gradlinig und scheinbar ohne dramatische Phasen der Unsicherheit oder Unentschlossenheit, die wir Krise nennen und in der wir uns und anderen die halben Entscheidungen, ein Hin und Her des Suchens und Wollens ohne weiteres zugestehen. Diese nachweisbare Unbeirrtheit ihres Weges ist umso erstaunlicher, als ihr aufgrund ihrer Begabung eine unbegrenzte Berufswahl offenstand, und weil überdies ihr Leben ja nie ganz frei war von den Schatten, die erst ein latenter und später offen geschürter Judenhass auf ihr eigenes Dasein und das ihrer Familie warf.

Die drei großen Epochen, die sich dennoch in ihrem Leben deutlich unterscheiden lassen, werden von einer tieferliegenden Fragestellung bestimmt.

Die ersten 20 Jahre beinhalten die ungehinderte Entfaltung ihrer außerordentlichen geistigen Kapazität auf Kosten ihrer Bindung an die jüdische Religion. Es ist die Phase einer tiefreichenden Emanzipation, getragen von der Zuversicht auf die Leistungskraft von Verstand, Wissen und Bildung. Es folgen 10 Jahre eines intensiven geistigen Ringens, in denen Edith Stein unter der Führung ihres unerbittlichen Intellekts Antwort sucht auf die Frage nach der Wahrheit. Rasch durchschaut sie die Unzulänglichkeit der Psychologie, mit deren Studium sie in Breslau neben dem von Deutsch und Geschichte begonnen hat. Sie macht dieser Wissenschaft den Vorwurf, dass sie keine klaren Grundbegriffe hätte und auch nicht imstande sei, solche zu erarbeiten.

Härter ist die Auseinandersetzung mit der Philosophie, die ihr in der Husserl'schen Phänomenologie das ganze Problemfeld der Wahrheitserkenntnis aufschließt, ohne zur Wahrheit selbst vorstoßen zu können. Wenigstens nicht zu jener lebendigen, jeden anderen Wahrheitsanspruch abdeckenden Wahrheit, die sich unter dem Namen Gott verbirgt, und von der Edith Stein ein ahnungsvolles Vorwissen mit sich herumtrug. Die Philosophie, zumal die Phänomenologie, ermöglicht wohl das Erspüren des Unfasslichen im Faktum religiöser Ergriffenheit, aber das schlussfolgernde Denken, so erfährt Edith Stein es selber „prägt scharf umschriebene Begriffe, die das Unfassliche in die Ferne rücken, die allem Begrifflichen eigen ist.“

Ihre wissenschaftlichen Arbeiten aus dieser Zeit machen ihr bald einen Namen über die deutschen Universitäten hinaus. Dennoch scheint der Gedanke an eine Karriere auf diesem Gebiet nie ihr ernsthafter Wunsch gewesen zu sein. Die Philosophie kann den Weg zur Wahrheit freischaufeln, vermag aber selber nicht, sie adäquat zu erfassen. Der Absprung von dieser Erkenntnisebene in die Tiefe des Credo, in dem alles Erkennen überholt wird vom Akt des Vertrauens und der Hingabe, in dem alles Suchen und Fragen einmündet in Begegnung mit dem Du des lebendigen Gottes, bereitet sich dennoch vor unter der Oberfläche ihres von harter geistiger Arbeit und vielseitigen, menschlichen Beziehungen erfüllten Lebens: ob Edith Stein studierte oder lehrte, im Lazarett pflegte oder sich nützlich machte in ihrer großen Familie, ob sie ihre vielen Freundschaften mit Briefen pflegte oder in Gesprächen – was sie tat, tat sie mit größter Intensität, Konzentration, ungeteilter Hingabe des Geistes und des Herzens. Unter allen Begabungen, die sie hatte, scheint diese die hervorstechendste bzw. unfassendste gewesen zu sein. Die letzten 20 Jahre von ihrer Konversion bis zu ihrem namenlosen Untergang in der Hölle von Auschwitz stehen unter diesem Imperativ.

Die Botschaft der Heiligen muss entschlüsselt werden.

Was am Leben eines so ungewöhnlich begabten Menschen kann Botschaft sein? Welches ist die Botschaft, die uns treffen soll?

Ich will mich nicht aufhalten bei der moralischen Vorbildlichkeit dieses Menschen, die durchaus auch Botschaft sein kann für uns heute, die wir uns schwer tun mit der Begründung einer sich auf Gottes Gebot berufenen Moral: dabei ist die Sinnhaftigkeit des Gebotenen das kleinere Problem – das größere liegt in der Autorität des gebietenden Gottes, die viele nicht mehr ernst nehmen können.

Die Ehrfurcht vor Gott, seiner Schöpfung, seinen Geboten, die Edith Stein am Beispiel ihrer Mutter kennen gelernt hatte, hafte tiefen Einfluss auf die Heranbildung ihres sittlichen Empfindens, das mit Schmerz auf jede Unrechtserfahrung reagierte und tief durchdrungen war von der Verpflichtung des Menschen, gut sein und Gutes tun zu sollen.

Ich will mich auch nicht aufhalten bei der Vorbildlichkeit ihrer intellektuellen Redlichkeit, so beherzigenswert sie auch für uns wäre. Haben nicht die meisten heute nur noch ein Achselzucken des Pilatus übrig für die Frage, an die Edith Stein ihr Leben buchstäblich hingegeben hat: Was ist Wahrheit? Wo ist Wahrheit? In wem ist Wahrheit? Beides, die Gewissenhaftigkeit im Handeln und die Unbedingtheit der Wahrheitssuche und -liebe sind die klassischen Wege der Gottsuche. Vorbildlich ist die Konsequenz, mit der sie von Edith Stein beschritten wurden!

Ich möchte stattdessen etwas allgemeiner nach der Botschaft der Heiligen und damit auch der von Edith Stein fragen. Im Leben dieser Erwählten leuchtet ja nicht nur etwas davon auf, wie Gott sich den

Menschen gedacht hat und wie sein Leben sich vollendet, wenn es sich ganz auf Gott verlast, sondern sie werfen gleichzeitig ein Licht in die Dunkelheit unserer Weltgeschichte, so dass der Glaube an deren Grunde die geheimnisvolle Strömung der Heilsgeschichte erkennen kann, die für das unerleuchtete Auge überdeckt bleibt vom flachen Wellenschlag der Tagesereignisse.

Die Botschaft Gottes, die seine Heiligen uns vermitteln, erfolgt nur in Ausnahmefällen im direkten, prophetischen Wort: sie muss vielmehr dem Leben dieser Menschen selbst entnommen werden. Das Zeugnis für Gott mit Worten genügt bekanntlich nicht: es muss ein Zeugnis mit dem Leibe sein, d. h. eines mit unserer ganzen sowohl fleischlichen wie geistigen Personalität.

Schließlich: mit dem Munde bekennen wir Gott, mit dem Leibe verherrlichen wir ihn. Wer wirklich für Gott leben will, muss von vornherein auch bereit sein, ja, eigentlich das Verlangen haben, auch für ihn sterben zu dürfen. Er ist ja nicht nur Herr über Leben und Tod, er ist das Leben selber, das sich uns im Tode schenkt. Diese Merkmale finden wir im Leben aller Heiligen, in ihnen verschlüsselt steckt ihre Botschaft an uns. Ein Vergleich von Edith Stein mit anderen heiligen Frauen soll uns helfen, das Besondere ihrer Botschaft klarer herauszustellen.

Von Gott betroffen – für Gott wirken

Keiner macht sich selbst zu einem Heiligen: Heiligkeit ist ein dialogisches Geschehen zwischen Gott und einem Menschen, ein Ruf-Antwort-Geschehen, das auf der Seite des Menschen für uns fassbar wird in den beiden Momenten von Betroffenheit und Wirksamkeit. Das Verlangen, für Gott allein zu leben, bricht geschenkhaft auf im Leben eines Menschen in einer Situation, einem Augenblick, den er nicht ausgesucht hat. Der Ruf Gottes hat ihn getroffen. Die Bedingungen dieses Momentes – die geschichtlichen, sozialen, menschlichen – gehen ein in die Berufung, gehören zu ihrer Disposition. Sie geben uns die Möglichkeit zu einer gewissen Typisierung der Betroffenheit, die sich in unterschiedlicher Wirksamkeit entfaltet.

Sie brauchen nur an den Lebensentwurf zu denken, mit dem der heilige Benedikt und seine Schwester Scholastika dem chaotischen Treiben der Völkerwanderung ein Ende machten, nach außen und nach innen; an die unverminderte Zündkraft, mit der der heilige Franziskus und die heilige Klara auch heute noch gegen die Verführung durch den Reichtum und für die Freiheit der Liebe im armen Christus zu begeistern vermag, an die durchdringende Ordnungsmacht ignatianischer oder teresianischer Lebensorientierung, die sich bis heute als Bollwerk bewährt gegen den Protest reiner Subjektivität, um zu wissen, in welche Richtung ich Ihre Aufmerksamkeit lenken möchte.

Die Genannten waren Kinder ihrer Zeit, die unter den gegebenen Bedingungen, mit den vorgefundenen Denk- und Sprachkategorien ihren Auftrag verwirklicht haben: dem Zusammenfluss von Natur und Gnade unter veränderten Voraussetzungen ein neues Bett zu graben, so dass – um im Bild zu bleiben – zu beiden Seiten des Flusses sich fruchtbare Ufer bilden konnten.

Viele der bekannten heiligen Frauen unserer abendländischen Geschichte gehören zu diesem Typus der Betroffenheit, aus dem sich auch ihre Wirksamkeit ableitet: im Schaffen und Bauen von Stätten der Geborgenheit und Mildtätigkeit z.B. versuchten sie, etwas von der Liebe Gottes für die leidenden Menschen erfahrbar zu machen – ich denke an die heilige Adelheid, die heilige Hedwig. Nahe liegt der Gedanke an die heilige Elisabeth, die, mehr noch als die beiden anderen, sich selbst zur Gabe an die Kranken und Hilfsbedürftigen machte und unendlich viele Frauen inspirierte, ihr darin zu folgen.

Andere Frauen, z.B. Mary Ward, Franziska von Chantal, Madeleine Sophie Barat, haben ihre ganze Kraft darauf verwandt, angesichts der neu entstandenen Glaubensnot in der Verkündigung des Evangeliums auch neue Wege zu beschreiten, für die Wiedererstarkung der Kirche neue Methoden katechetischer Unterweisung zu suchen: von ihnen allen ist ein unermesslicher Einfluss ausgegangen auf die Prägung christlicher Familien und Lebenskultur. Diese Frauen waren betroffen vorn leiblichen oder seelischen Elend anderer Menschen um der Liebe Christi willen, um derentwillen wurden sie tätig, und mit Gottes Hilfe gelang ein Werk, das ihren Namen trägt. Machen wir uns klar, was das heißt:

Der Anblick von Not allein setzt nichts in Bewegung. Der Priester und der Levit gingen vorbei an dem, der von Räubern halb erschlagen am Wegrand lag. Ein modernes Fernsehpublikum ist durch den täglichen Anblick von Szenen himmelschreienden Unrechts daran gewöhnt, Not tatenlos an sich vorüberziehen zu lassen. Nicht die Not öffnet unsere Augen, sondern nur das Mitleid öffnet sie so, dass Herz und Hand zur Tat gedrängt werden. Dieses Mitleid ist die erste Spur des anwesenden Christus, der in einem Menschen wirksam werdenden Liebe Christi. Die helfende Tat gibt sichtbaren Ausdruck von ihr; an ihr kann der Glaube anderer sich wieder aufrichten.

Die beispielhafte Kraft der genannten Frauen besteht darin, dass und wie sie sich der unaufhaltsamen Flut menschlicher Gebrechlichkeit entgegenstellen, um die Menschen vor dem Untergang in ihr zu bewahren; die Flut selbst abwehren zu wollen, wäre Vermessenheit gewesen. Die Heiligen haben nicht die Ambition, die Not als solche zu beseitigen, das menschliche Elend mit all seinen Wurzeln auszugraben. Die beiden christlichen Versuche dazu, die wir alle kennen – den einen politischen, der Jesuitenstaat in Paraguay, und den anderen literarischen, der Großinquisitor von Dostojewski – mussten scheitern: beide tun der Realität Gewalt an, weil sie versuchen, das Kreuz Christi zu mildem, zu ertragen, umzuwandeln, zu umarmen und zu erklären – seine Liebe spendet ihren Trost in der Not, nicht auf deren Kosten. Die Not bleibt das unauslöschliche Merkmal der gefallenen Schöpfung auch nach dem Erlösungstod Jesu Christi: Ihre endgültige Aufhebung nennen wir Himmel; ihn gibt es nur bei Gott, nicht auf Erden. Aus diesem Zusammenspiel, von Betroffenheit und Wirksamkeit im Kleinen wie im Großen ist die christliche Kultur des Abendlandes erwachsen, deren Konkurs wir heute erleben.

Von Christus ergriffen – mit/für Christus leiden

Aber wir kennen noch eine andere Art des Betroffenseins vom Geheimnis menschlicher Not und göttlicher Liebe, die uns vor allem von Frauen vorgelebt wird, denen Erich Przywara, einer der vielen geistvollen Freunde von Edith Stein, eine „unbekümmert größere Radikalität" im religiösen Bereich zuspricht.

Ich denke an Marie de l'Inkarnation, Rosa von Lima, Katharina von Siena, die große, die kleine Therese –. Natürlich haben diese Frauen ebenfalls Sinn und Verständnis gehabt für die Zeugnishaftigkeit der Werke der geistigen und leiblichen Barmherzigkeit. Aber im Mittelpunkt ihres Betens, Betrachtens, ihres Fühlens und Handelns stand nicht der notleidende Nächste von nebenan, sondern der notleidende Christus selber; Not leidend in seiner Passion, auf seinem Weg nach Golgota, bei seiner Hinrichtung, fortleidend in seiner Kirche, in ihren trägen, faulen, abtrünnigen Gliedern, in den unbußfertigen Sündern, in lauen Priestern und selbst-gefälligen Ordensleuten... Das Schicksal, das die Liebe Christi in den Herzen der Menschen erleidet, wird ihr Schicksal.

Diese unsichtbar bleibende, aber ungeheuer dramatische Seite des Erlösungsgeschehen lässt ihr Herz entbrennen in leidenschaftlicher Liebe zum Menschgewordenen, in dessen Sinnen und Trachten, Beten und Leiden sie tief hineingezogen werden. Sein Leben wird buchstäblich ihr Leben, so dass all ihre seelischen Kräfte von der inneren Wahrnehmung und dem sich Einlassen auf diese Wirklichkeit absorbiert zu sein scheinen. Das hindert nicht, dass diese Frauen zum Teil eine beeindruckende Tätigkeit nach außen entfalten, aber diese haben den Charakter einer Nebenwirkung aus ihrer Haupttätigkeit, die eben darin besteht, ihren Herrn aus ganzem Herzen zu lieben und es geschehen zu lassen, dass sie hineinwachsen in die Breite und Höhe Tiefe und Länge dieser Liebe; d.h. teilnehmen an ihrer Kreuzesgestalt.

Betroffenheit und Wirksamkeit im Leben von Edith Stein

Dass Edith Stein in keinem der skizzierten Modelle von Betroffenheit und Wirksamkeit ganz aufgeht, weist hin auf eine tiefere Schicht im Geheimnis göttlicher Berufung. Von ihrer natürlichen Begabung her brachte Edith Stein alle Voraussetzungen mit für eine reiche und fruchtbare Lehrtätigkeit als Philosophin. Von ihr hätten wir uns einen Brückenpfeiler für diese Wissenschaft erhoffen dürfen, über den ein Bogen bis in unsere Zeit hätte geführt werden können. Die von Edith Stein anvisierte Synthese zwischen Husserls Phänomenologie und thomistischer Erkenntnislehre hatte die Frage nach dem eigentlichen Sein der Dinge wieder in die Mitte gerückt; ihre philosophische Arbeit an dieser Problematik war innerhalb ihrer Biographie eine unerlässliche Voraussetzung für ihre theologische Einsicht, von der ihr Leben schließlich ganz bestimmt wurde.

Die alte ancilla Rolle der Philosophie gegenüber der Theologie war bei Edith Stein noch einmal voll zum Tragen gekommen und hätte mit ihrer Hilfe – wäre ihre wissenschaftliche Tätigkeit nicht gewaltsam ab- bzw. umgebrochen worden – diese Stellung vielleicht noch länger behaupten können.

Edith Stein hatte aber nicht nur einen wachen und scharfen Verstand, sie hatte auch ein zart empfindendes Gewissen und ein zu großer Hingabe fähiges Gemüt. Die Selbstverständlichkeit, mit der sie sich bei Ausbruch des 1. Weltkrieges für einen besonders heiklen Lazarettdienst meldet – Pflege in einem Seuchenlazarett – wirft ein Licht auf diese großmütige Einsatzbereitschaft. Diese war zu diesem Zeitpunkt noch nicht religiös motiviert, sondern ausgelöst wohl von jener allgemeinen Vaterlandsliebe, die damals die deutschen Truppen singend in den Krieg ziehen ließ, und von einem tiefen Solidaritätsgefühl mit den eingezogenen Kommilitonen, verglichen mit denen sie es nicht besser haben wollte. In ihrer späteren Tätigkeit als Lehrerin und Dozentin an der pädagogischen Hochschule in Speyer und Münster steht sie durchaus kämpferisch auf der Seite der Frauen, die für eine Korrektur des Frauenbildes in der Öffentlichkeit eintreten: bessere wirtschaftliche, politische, berufliche Ausbildung für die Frau ist ihr Ziel und der Abbau der Vorurteile gegen die Erwerbstätigkeit auch der verheirateten Frau. Dabei hält sie fest an einer Vorstellung unterschiedlicher Wesensart von Mann und Frau. Jene der Frau ist für sie umfassend gekennzeichnet im Begriff der Mütterlichkeit, für sie eine Qualität der Kraft und Wärme, die Menschen nicht vereinnahmt, sonder freisetzt in die eigene Existenz. Beobachtet man sie in dieser Tätigkeit, ihr hätte auch ein Jurastudium gelegen mit einer politischen Laufbahn.

Edith Stein geht mit nachtwandlerischer Sicherheit an all diesen naheliegenden und verlockenden Entwicklungsmöglichkeiten vorüber, unwiderstehlich angezogen von der einen Frage nach der Wahrheit. Anfangs war das für sie die Frage des erkennenden Verstandes schlechthin, die sich zuspitzt zur philosophischen Wahrheitsfrage, mit der sie sich so lange auseinandersetzt, bis sie erkennt, dass – soll die Antwort das ganze Sein umfassen – eine rein idealistische Lösung nicht ausreichen kann. Das Sein selbst ist mehr als jede Erkenntnis oder Aussage über das Sein. Es ist darum nicht von ungefähr, dass ihr die lebendige Wahrheit Gottes nicht etwa im Evangelium oder irgendeinem theologischen Traktat aufgeleuchtet ist, sondern vermittelt wurde durch zwei Zeugnisse gelebten Glaubens: zuerst, 1917, in dem vom Glauben an Christus gesammelten Schmerz der Witwe ihres verehrten Professors Adolf Reinach, und dann, 3 Jahre später, im autobiografischen Bericht der heiligen Teresa von Avila.

Von der Begegnung mit der Witwe Reinach sagt sie selber, dass ihr „in diesem Augenblick Christus aufgeleuchtet sei im Geheimnis des Kreuzes". Die Haltung von Frau Reinach vermittelt ihr etwas von der „göttlichen Kraft, die das Kreuz seinen Trägern mitteilt, sie sieht zum ersten mal die aus dem Erlöserleiden geborene Kirche in ihrem Sieg über den Stachel des Todes handgreiflich vor sich". Die Lektüre von Teresa von Avila schließt sie mit den Worten: „das ist die Wahrheit!" Zu viel von ihrer eigenen Erfahrung der Gottesferne, der Gottessehnsucht, der Gottesflucht und der Gotteszuwendung hatte sie in Teresas Buch wiedergefunden – sie konnte nicht anders als erkennen und verstehen, mehr noch, sich selber in ihrer Gottsuche als erkannt und verstanden in dem Buch wiederzufinden.

Die Wahrheit, die sie gesucht hatte, traf sie wie in einem einzigen Strahl: Das Kreuz Christi ist die Wahrheit – sich auf diese Wahrheit einlassen heißt so viel wie sich auf das Kreuz einlassen.

Es ist bekannt, mit welch unerbittlichen Konsequenzen diese Einsicht zum allein bestimmenden Gesetz ihres Lebens wurde.

Edith Stein – Thérèse von Lisieux – Simone Weil: ein Vergleich

Nun ist sicher wahr, dass kein Heiliger einen anderen als den gekreuzigten Heiland geliebt hat, ihm gerade auch als dem Kreuztragenden nachfolgen wollte, um seinetwillen das Kreuz hinnehmen wollte bis zum Tode, aber die Lichtbrechung, in der dieses Geheimnis steht, ist von einem zum anderen verschieden An dieser Stelle erst berühren wir die tiefste Schicht der Berufung von Edith Stein.

Um sie deutlicher zu erfassen, soll nochmals weiter ausgeholt werden durch einen Vergleich mit zwei anderen ebenbürtigen Frauen, die ebenfalls von Christus ergriffen waren; mit ihrer großen Ordensschwester, der kleinen Therese von Lisieux, und mit ihrer kongenialen französischen Kollegin, der jüdischen Philosophin Simone Weil, die ebenfalls ein Opfer nationalsozialistischen Judenhasses wurde. Zwischen beiden nimmt Edith Stein nicht nur zeitlich die mittlere Position ein – sie wurde sechs Jahre vor dem Tod der heiligen Therese geboren und wird von Simone Weil, die 1943 stirbt, um ein Jahr überlebt – sie steht auch in einer viel tiefer reichenden Dimension zwischen den beiden anderen Frauen. Am Anfang unserer Überlegungen stand die Bemerkung, dass die Heiligen in ihrem Leben nicht nur etwas aufleuchten lassen von der Erbarmung Gottes, sondern dass von diesem Aufleuchten gleichzeitig ein Licht in die Zeit fällt, in der sie leben, so dass deren heilsgeschichtliche Sinnspitze wahrgenommen werden kann. Ferner gesagt, dass die zufälligen Bedingungen ihrer individuellen Existenz bestimmend sind für die Disposition ihrer besonderen Berufung.

Die drei eben genannten Frauen gehören mit ihrer Lebens- und Wirkungsgeschichte in unsere Gegenwart. D.h. ihr Zeugnis für Gott hat sich bewährt gegenüber den spezifischen Anfechtungen, denen der Glaube in unserem Jahrhundert ausgesetzt ist. Das Folgende erhebt nicht den Anspruch auf Vollständigkeit; es muss genügen, wenn es gelingt, das Beispielhafte herauszustellen.

Thérèse von Lisieux – Gott ist barmherzig

Das innere Leben-Erleben dieser drei Frauen ist aufs eindringlichste gekennzeichnet von der Erfahrung der Gottesferne – sie ist auch das quälendste Symptom in der Psyche des modernen Menschen. Diese Erfahrung der Gottesfeme überrascht besonders im Leben der kleinen heiligen Therese. Aufgewachsen als umhegtes Nesthäkchen in einer zärtlichen und von tiefer katholischer Frömmigkeit erfüllten Familie, scheint sie zu den Lieblingskindern Gottes zu gehören, die allezeit ihren Glauben, ihre Liebe aus der Fülle himmlischer Tröstungen schöpfen können.

Für die ersten Jahre ihres Lebens mag das zugetroffen haben, aber spätestens mit dem Eintritt ins Kloster ändert sich das.

Der kleine Karmel in Lisieux mit seinen vielen Vorschriften und Übungen, seinen mündlichen Gebeten und formelhaft erstarrtem Gemeinschaftsleben, mit seinen lauwarmen Mitgliedern, einem mürrischen Seelsorger und einer unfähigen Oberin war alles andere als ein heiliger Ort. Er war dafür eine einzigartige Gelegenheit um zu beweisen, dass Heiligkeit an jedem Ort entwickelt und erworben werden kann. Wie durch ein erbarmungsloses Vergrößerungsglas präsentiert sich der feinfühligen Therese in ihren Schwestern das Phänomen der Mittelmäßigkeit. Dies allerdings nicht nur als ein proprium dieses Karmelklosters, sondern darin vergegenwärtigte sich ihr der Zustand der Christenheit, der sie schmerzlich leiden ließ an der verschmähten Liebe Christi. Sie entdeckt in diesem Zustand der Kirche das verborgene Antlitz Jesu Christi, jenes, das sich dem Schweißtuch der Veronika eingeprägt hatte. Am meisten, so meint ihr Biograph W. Nigg, habe sie unter der Kälte gelitten, nicht nur der klimatischen, mehr noch der menschlichen. Er schreibt: „Das körperliche Kältegefühl erscheint als Ausdruck des inneren Frierens über das lieblose Millieu ... Therese ist unter dem Mangel der vernachlässigten Nächstenliebe verblutet." (Große Heilige 437/8) Die durchdringende Erfahrung falsch verstandener, wenn nicht gar missbrauchter Erlöserliebe geht für Thérèses jahrelang Hand in Hand mit einem Zustand geistlicher Trockenheit, der ihre innere Landschaft in ein eintöniges Grau hüllt. Aus ihm steigen furchtbare Versuchungen gegen den Glauben auf, und Therese muss zugeben, dass es keine Gotteslästerung gäbe, zu der sie nicht selber fähig gewesen wäre. Therese wählt unter diesen Bedingungen den Weg der bedingungslosen Hingabe an die göttliche Barmherzigkeit, der sie sich als Opfer weiht. Nicht Sühneopfer für die göttliche Gerechtigkeit will sie sein, sondern Auslöser und Beschwörer seiner Barmherzigkeit: die Schätze seiner Liebe sollen nicht eingeschlossen bleiben in sein Herz.

Dieses rückhaltlose Sich-Hineinwerfen in die Liebe Gottes ist unter diesen Umständen ein heroischer Akt des Glaubens. Er führt sie in die letzte Freiheit ihrem eigenen Schicksal, ihrer eigenen Situation gegenüber. Sie nimmt alles an, was und wie es ihr geschickt, bestimmt, von anderen angetan wird, und macht daraus ein Zeichen ihrer totalen Hingabe, ihrer bedingungslosen Liebe. Die bittere Arznei, die sie zu trinken bekommt und die aussieht wie köstlicher Likör, nennt sie selbst ein Bild ihres Lebens: „In den Augen anderer war mein Leben stets in die schönsten, heitersten Farben getaucht. Sie meinten, ich trinke den köstlichen Likör, und es war nichts als Bitterkeit. Ich sage Bitterkeit, dennoch war mein Leben kein bitteres, denn ich wusste mir aus jeder Bitterkeit eine Freude und Süßigkeit zu machen, d. i. einen Ausdruck ihres unbedingten Vertrauens in Gottes barmherzige Liebe.

Beide Erfahrungen: die der geistlichen Trostlosigkeit in sich selbst und die der erkaltenden Liebe rund um sich herum gehören in das Leidenspensum heutiger Christen – je nach dem Maße, in dem sie selber lieben, d.h. Christus liebende Christen sind.

Therese, die keinen Schritt aus ihrem Milieu, aus ihrem Karmel gemacht hat, die, wie sie selber sagt, viel zu klein war, um ein großes Werk zu vollbringen, die noch nicht einmal die damals im Karmel vorgeschriebenen Bußwerkzeuge anwenden konnte, sie hat uns nur eine Biographie, d.h. ihr Leben selbst als Werk hinterlassen und dazu das Schlüsselwort zur Botschaft dieses Lebens: es heißt der kleine Weg.
Dieser sogenannte kleine Weg hat größere Wirkung unter den Christen hervorgerufen als die ausgeklügelsten Programme oder hochkarätigen Seminare. Sein uneinholbarer Vorteil ist sein radikaler Realismus! Das Leben wird in seinen einzelnen Zufällen und Bedingtheiten

wahr- und ernst-genommen als von Gott gewirkt, von Gott gewusst, von Gott gesehen und umfangen und von ihm gewollt. Alles wird hebend bejaht und so zum Zeichen unseres Glaubens und Vertrauens, aus welcher Dunkelheit und Verlorenheit auch immer wir dieses Ja zu ihm sagen.

Simone Weil – Gott ist ohnmächtig

Simone Weils Leben verläuft äußerlich in größtem Gegensatz zu dem von Thérèse von Lisieux.
Simone Weil studiert Philosophie, wird Lehrerin, nimmt teil an gewerkschaftlichen Demonstrationen auf dem ganz linken Flügel, auf dem sie Befriedigung zu finden hofft für ihr hohes soziales Ethos. Getrieben von ihrem Verlangen nach Solidarität mit der untersten Schicht der französischen Gesellschaft, den Land- und Fabrikarbeitern, verdingt sie sich, ungeachtet ihrer physischen Untauglichkeit, als Arbeiterin am Fließband und bei der Weinlese. Ihre Haupttätigkeit aber ist und bleibt immer und überall das Denken, das bohrende, ordnende Nachdenken über alles, was ist: Denken über sich selbst, die menschliche Natur, das Zusammenleben der Menschen, die Bedingungen ihres Handelns und ihres Scheiterns ... Begabt mit einem ebenso durchdringenden wie umfassenden Blick für die ganze Wirklichkeit – die sichtbare und die unsichtbare – entwirft sie in zahllosen Aphorismen, Traktaten, Artikeln mosaikartig ihre Sicht vom menschlichen Dasein, insbesondere von ihrem eigenen und dessen besonderer Berufung. Die Gültigkeit der Prinzipien und Maßstäbe, die sie dabei entwickelt, muss von uns noch einmal entdeckt werden, nachdem ihre Schriften bei deren erster Veröffentlichung in deutscher Übersetzung, noch getragen von den Wogen des abklingenden Existenzialismus, eine mehr modebedingte Rezeption erfahren hatten. Anders als Therese von Lisieux verweilt Simone Weil nicht bei den Einzelerscheinungen, sondern abstrahiert von ihnen in meisterhafter Sprache das allgemeine Gesetz. Die Wirklichkeit eines liebenden Schöpfergottes und eines menschgewordenen Gottessohnes bilden die tragenden Eckpfeiler ihres Denkens.

Innerhalb dieser Prämissen kommt sie zu einigen Aussagen über den Menschen und die Mechanismen, die den einzelnen als Individuum oder als Teil einer größeren Einheit bewegen, deren Wahrheit sie an ihrem Leben abliest. Einerseits war es ein Leben voller Aktivität, die aber bei näherem Zusehen dennoch vor allem das Ziel hatten, sie selbst als Person in den Zustand immer reinerer Passivität zu führen, des ungeminderten Erleidens, wie sie aufgrund ihrer Liebe zu Jesus Christus als einzig gerecht und angemessen für sich empfand. Das Ende ihres Lebens, an dem sie sich als Asylantin in der Nähe von London befand, hat sie insofern selbst herbeigeführt, als sie nicht bereit war, mehr und andere Nahrung zu sich zu nehmen, als damals ihre französischen Landsleuten auf Essenskarten zustand. Irgendeine besondere Aufmerksamkeit für ihre Person hat sie Zeit ihres Lebens mit „wilder Scheu" abgelehnt aus einem tiefen Gefühl ihrer Unwürdigkeit heraus und wegen ihres Verlangens, durch nichts von den Menschen der anonymen Masse unterschieden zu sein. Darin erkannte sie für sich die größtmögliche Annäherung an Christus den Gekreuzigten, in dem sich ihr das unfassliche Geheimnis der Liebe Gottes enthüllte.

Ich möchte zur Unterstreichung des Gesagten einen Abschnitt aus Simone Weils Traktat Das Unglück und die Gottesliebe zitieren: „Gott hat seine Schöpfung aus Liebe, um der Liebe willen erschaffen. Gott hat nichts anderes geschaffen als die Liebe selbst und die Mittel der Liebe. Er hat alle Formen der Liebe erschaffen. Er hat in allen möglichen Abständen Wesen erschaffen, die der Liebe fähig sind. Aber von Urbeginn hat die Menschheit, wie uns gesagt ist, ihren Blick von Gott abgewandt und ihren Weg in verkehrter Richtung genommen, so weit ihre Schritte führen ... Daraufhin ist Gott selbst, weil kein anderer es tun konnte, bis in die äußerste Entfernung, den unendlichen Abstand von sich selber hinausgegangen. Dieser unendliche Abstand zwischen Gott und Gott – äußerste Zerreißung, Schmerz, dem kein anderer gleichkommt, Wunder der Liebe – dieser Abstand ist die Kreuzigung. Diese Zerreißung, über welche die höchste Liebe das Band der höchsten Einigung ausspannt, hallt unaufhörlich durch das ganze Weltall, vom Grunde des Schweigens gleich zwei getrennten und verschmolzenen Tönen, als eine reine herzzerreißende Harmonie. Dies ist das Wort Gottes. Die in der Liebe ausdauern, hören diesen Ton aus dem tiefsten Grunde ihrer Verlorenheit, wohin das Unglück sie hinabgestoßen hat. Von diesem Augenblick an sind sie allen Zweifeln enthoben.

Ein blinder Mechanismus, der auch der höchsten geistlichen Vollkommenheit nicht achtet, schüttelt und schwenkt die Menschen unaufhörlich hin und her und schleudert einige unmittelbar zu Füßen des Kreuzes hin. Es hängt nur von ihnen ab, ob sie durch diese Erschütterungen hindurch die Augen auf Gott geheftet halten oder nicht. Nichts außer der blinden Notwendigkeit kann einen Menschen an den Punkt des äußersten Abstandes, unmittelbar neben das Kreuz schleudern. Die menschlichen Verbrechen, die meistens Ursache des Unglücks sind, bilden einen Teil der blinden Notwendigkeit, denn die Verbrecher wissen nicht, was sie tun."

Zweimal Zeugin für die Liebe Christi

Dieser Text enthält eine Deutung von Simone Weils eigener Lebenserfahrung und überdies eine exakte Kennzeichnung des Schicksals, das Edith Stein widerfuhr.

Bevor wir uns ihrer Gestalt zum Abschluss wieder zuwenden wollen, soll der Vergleich zwischen den beiden scheinbar so heterogenen Frauen Thérèse von Lisieux und Simone Weil zu Ende gebracht werden. Beide liefern sich bewusst und um Christi willen dem Erleiden von Gottesferne als Folge der Sünde aus; beide bezahlen mit dem Preis ihres Lebens. Thérèse macht aus ihrem Leben ein Opfer an die Barmherzigkeit Gottes – Simone Weil in ihrer herzzerreißenden Verhaltenheit verzehrt ihr Leben wie in einem Akt geistiger und moralischer Selbstverbrennung aus Liebe zu dem, der am Kreuz die Ohnmacht der Liebe Gottes offenbart.
Beide Botschaften geben uns gleich viel an, beide verweisen uns auf eine Dimension des Christseins, die viele von uns aus dem Blick, aus ihrer inneren Sorge verloren haben. Dabei geht es um das Grundwasser unseres Glaubens; sackt dieses zu tief ab, verdorren ganze Landstriche.

Wir können auch anders fragen: Steht das Haus unseres Glaubens wirklich noch auf dem Fels Jesu Christi, so dass die Fluten ihm nichts anhaben können? Oftmals ist man erschrocken über die seichte Oberflächlichkeit, in die sich sogenanntes christliches, zum Teil auch kirchliches Reden und Handeln verloren hat!

Edith Stein – Gott ist Versöhnung

Betrachten wir zuletzt in diesem Zusammenhang Edith Stein, so gilt von ihr in letzter Zuspitzung, was Simone Weil gesagt hat: sie wurde von der Gewalt blinder Notwendigkeit an den Fuß des Kreuzes geschleudert, sie wurde aufgespürt von der gigantischen Vernichtungsmaschinerie der Nazis, wurde von ihr verfolgt, vertrieben, entdeckt, gepackt, verschickt und zuletzt vergast – besinnungslos, sinnlos, erbarmungslos – weil sie Jüdin war. Sie hat dieses Schicksal angenommen und als Christin überboten, in sein Gegenteil verkehrt: den Hass, der sie vernichten sollte, hat sie zu einem weithin leuchtenden Zeichen sieghaften Lebens gemacht.

Ich glaube nicht, dass das Phänomen des Judenhasses im deutschen Bewusstsein hinreichend ausgegraben und auf- bzw. weggearbeitet worden ist: er ist ja mit rationalen Mitteln überhaupt nicht zu erklären. Man muss schon bereit sein, die dämonische Qualität anzuerkennen, die in dieser wilden Verkehrung der Macht in reinen Vernichtungswillen zum Ausbruch kam.

Edith Stein hat wiederholt erkennen lassen, dass es ihre doppelte Verwurzelung war, die sie befähigte, diesen satanischen Angriff auf sich selbst, ihre Personenwürde, ihre Herkunft, ihr Volk, ihren alten und ihren neuen Glauben standzuhalten, ohne an der Treue Gottes irre zu werden: sie war stolz, Jüdin zu sein um Christi willen: von gleicher Art wie er, aus demselben Volk, derselben Geschichte stammend.

Gleichzeitig empfand sie die Schuld ihres Volkes gegenüber diesem Messias, so dass sie den Platz an seiner Seite suchte, um Buße zu tun für diese Sünde ihres Volkes. Sie war eine Jüngerin Christi geworden und konnte darum in einzigartiger Weise den Hass, der sich gegen sie als Jüdin richtete, erfahren und annehmen als Hass, der sich gegen Christus richtete. Sie wurde – wie er – nicht für etwas, was sie getan hatte, zum Tode verurteilt, sondern für das, was sie war. Sie war Christin geworden und wurde durch ihre Lebensgeschichte in größtmöglicher Annäherung an Jesus Christus auf die höchste Stufe der Feindesliebe geführt.

Durch ihre letzte wissenschaftliche Arbeit über Johannes vom Kreuz mag sie hinreichend vorbereitet gewesen sein auf das Maß von Schikane und Grausamkeit, das auf sie wartete, ungeheuer multipliziert dadurch, dass sie es nicht als einzelne erleiden mußte, sondern in der Anonymität der Masse. Diesen Angriff auf die Würde der eigenen Person übersteht nur der, der weiß, wer sein letzter Retter ist. Edith Stein war bereit, den ihr zugedachten Tod als Versöhnungsopfer auf sich zu nehmen im Sinne des Kreuzopfers Christi, der durch sein Sterben die trennende Wand der Feindschaft zwischen Juden und Heiden niedergerissen hat. Sie wollte die Feindschaft niederreißen zwischen Juden und Deutschen, wollte Sühne leisten für die verblendeten Christen, die durch ihren Judenhass so furchtbares Unrecht auf sich luden, wollte ihr Leben einmünden lassen in das Leben des Erlösers, der es hingab für das Leben der Welt.

Mit dem Stichwort Versöhnung ist auch der Kern der Botschaft getroffen, die Edith Stein uns zu geben hat.
Sie hat durch ihr Leben auf verschiedenen Ebenen Gegensätzliches zu vereinen, Getrenntes miteinander zu versöhnen versucht. Als Philosophin hat sie die klassische Philosophie mit der modernen auszusöhnen, hat überdies den sich abzeichnenden Bruch zwischen Philosophie und Theologie noch aufzuhalten versucht. Sie hat nach ihrer Konversion durch die unerschütterliche Treue, mit der sie ihrer von diesem Glaubenswechsel zutiefst gekränkten Mutter ihre Liebe bezeugte, Judentum und Christentum zur gottgewollten Aussöhnung zu bringen versucht; sie hat schließlich den ihr zugedachten Vernichtungstod in die Waagschale der Versöhnung geworfen – „für unser Volk, für die so furchtbar verführten Deutschen..“

Gott ist Versöhnung, Gott wirkt Versöhnung, er wirkt sie am Kreuz durch den, der da gekreuzigt wird.
Das Kreuz ist die Wahrheit, in der alle essentielle und existentielle Wahrheit konvergieren, in der alle Gegensätze versöhnt, alles Widerstrebende vereint wird, In ihm ist die ganze Einheit zwischen Gott und den Menschen und auch den Menschen untereinander wiederhergestellt.
Vom Kreuz Christi wird alles Denken der Menschen eingeholt und auf diesen einen Punkt gebracht, in dem Tod und Leben sich begeg-

nen: in dem der Tod das Leben vernichtet und das Leben endgültig den Tod besiegt.

Licht in der Finsternis

Im ersten Teil unserer Überlegungen haben wir unter den Begriffen Betroffenheit und Wirksamkeit das Leben einiger heiliger Frauen kurz auf uns wirken lassen.

Fragen wir zum Schluss noch einmal unter diesem Gesichtspunkt nach den dreien, die wir zuletzt verglichen haben:

Keine der Frauen hat ein Werk vorzuweisen, das ihren Namen trägt – alle drei haben nur autobiographische Schriften hinterlassen, die uns Einblick geben in die inneren Ereignisse und Beweggründe ihres Lebens, so dass die Bedeutung der Daten ihres äußeren Lebenslaufes für uns erkennbar werden.

Ihre Botschaften lauteten: Gott ist immer der barmherzige Gott, Gott ist vor den Menschen ein ohnmächtiger Gott, Gott ist ein Gott der Versöhnung.

Drei Botschaften an uns, durch die wir uns herausgefordert sehen: wir müssen sie in unserem Glauben lebendig erhalten und bekennen in einer glaubensärmer werdenden Welt. Alle drei Botschaften stammen aus derselben Begegnung mit Christus dem Gekreuzigten. Ich meine, diese Botschaft habe heute ihre eigene Dringlichkeit: das Bild des Gekreuzigten verschwindet langsam und unauffällig aus unserem Leben, aus unseren Wohnungen, zum Teil auch unseren Kirchen. Immer häufiger begegnet uns statt dessen der vorn Kreuz abgelöste Corpus mit ausgebreiteten Armen, irgendwo an der Wand zwischen Himmel und Erde hängend. Ich entdecke darin eine signifikante Gegenbewegung zu jenem Vorgang am Anfang neuzeitlicher Kirchengeschichte: damals wurde es in den protestantischen Gotteshäusern üblich, nur das Kreuz aufzustellen, ohne Corpus. Diese Verdrängung von der Wahrheit des Menschgewordenen und Gekreuzigten wird heute abgelöst durch die Verdrängung der Wahrheit, die dieser

Menschgewordene und gekreuzigte Gottessohn unter uns aufgerichtet hat: die Botschaft von der Torheit des Kreuzes, die zugleich Botschaft ist von der unbesiegbaren Kraft dessen, der an ihm hängt.

Die Botschaften der drei zeitgenössischen Frauen erwachsen auf dem Boden schmerzlich erfahrener Gottesverborgenheit, Gottesohnmacht, Gottesabwesenheit.
Thérèse von Lisieux erfährt sie innerlich als Teilhabe am verborgenen Leben Christi im corpus mysticum; Simone Weil erfährt sie herzzerreißend als ihr eigenstes Schicksal: getrennt zu sein von dem, was man aus ganzer Seele sucht. Dieser Zug, meine ich, habe sich besonders scharf der Physiognomie des modernen Menschen eingeprägt. In ihrer geistigen Struktur gleicht sie der von Edith Stein wie ein Negativ dem Positiv. Deshalb durfte sie in unseren Überlegungen nicht fehlen.
Edith Stein erfährt schließlich die Gottlosigkeit eines ganzen Systems, geballt als politisches, soziales, moralisches Phänomen, in unwiderstehlicher, scheinbar absoluter Mächtigkeit, der einzig und allein das Kreuz Christi standzuhalten vermag und der Mensch, der sich an ihm festhält.

Alle drei Botschaften enthalten in sich auch den unüberhörbaren Jubelruf, den gefunden zu haben, den ihre tiefste Sehnsucht sucht – ihn, den lebendigen Gott, geborgen in dessen Hand sie keinen Tod mehr fürchten müssen.
Alle drei enthalten eine unmittelbare Aufforderung an uns, alle falsche Angst und Bedenklichkeit hinter uns zu lassen und entschlossen mit dem ganzen Sein auf die erkannte Wahrheit der Liebe Christi zu setzen, koste es was es wolle.

Es gibt kein anderes Mittel, die Nebel der Kleingläubigkeit und des Skeptizismus zu durchbrechen, in denen unser Glaube heute zu verkümmern droht. Sie sind uns auch ein Beispiel für den Mut, für die Art von Mut, dessen es bedarf, um zur Freiheit durchzustoßen, zu der Christus uns befreit hat. Das gilt besonders für Edith Stein, der wir hier besonders gedenken. Wie ein eschatologisches Zeichen steht ihre Gestalt über den Feueröfen von Auschwitz, diesem Mahnmal infernalischer Anmaßung, und ist weithin leuchtendes Zeugnis für jenes Feuer, das Gott selbst auf die Erde geworfen hat, von dem er wünscht, dass es brenne – brenne auch in uns!

Der anonyme Märtyrer und die Wahrheit des Personalen: Zeugnis aus dunkler Vergangenheit

Wir wissen: Märtyrer ist einer, der sein Leben hingibt zum Zeugnis für die Wahrheit seines Glaubens an Jesus Christus. Der „getreue Zeuge" für die Wahrheit schlechthin ist Jesus selber; seine Apostel und Jünger werden es in seiner Nachfolge, weil der Jünger nicht über dem Meister steht. Seit dem 2. Jh. bis heute werden die Namen der Blutzeugen von unserer Kirche mit liebevoller Sorgfalt gesammelt; sie sind in das Gedächtnis der Gläubigen eingeprägt. Im Sterben dieser Männer und Frauen leuchtet die Macht der Gnade Gottes so hell auf, dass Tod und Leben dadurch aus ihrer Zwielichtigkeit herausgerissen werden; in diesem Sterben strahlt Gott selbst als das einzige und letzte Worum-willen aller Existenz auf.

Die Kirche war und ist bis heute zu keinem Zeitpunkt ihrer wechselvollen Geschichte ohne Widerspruch geblieben, der zum Martyrium führt. Das heißt nicht, dass alle, deren Leben zeugnishaft zu Ende ging, auch einen Platz auf den Altären oder im liturgischen Kalender gefunden hätten, so dass ihre Namen weltweit bekannt werden konnten. Dieses gilt sicher nur für einige Auserwählte. Aber viele andere leben fort im Gedächtnis der Gläubigen, aus deren Mitte ein gewaltsamer Tod sie herausgerissen hat.

Der Abgrund des Bösen

Die Frage nach dem Märtyrer wird im Blick auf die zwölf Jahre nationalsozialistischer Herrschaft gestellt, die für den heutigen Betrachter wie ein Unwetter, wie ein Tornado über unser Land, unseren Kontinent hinweggefegt sind, eine wüste Stätte hinterlassend, entsetzliche Mahnmale unmenschlicher Grausamkeit und tiefen Hasses auf alles, was gezeichnet war vom Geist. Vor diesem Hass verlor der einzelne Würde, Schicksal und Namen – er wurde anonym.

Niemand weiß die Zahl derer, die unschuldig gequält, gefoltert, getötet wurden in den Lagern, Häusern, Kammern, die eigens dafür eingerichtet wurden; sie wurden in ihren Wohnungen überfallen und erschossen – wie die Verdächtigen im Zusammenhang mit dem Röhm-Putsch – oder im Schatten eines Wäldchens am Rande einer rasch ausgehobenen Grube – wie die Nonnen von Nowogrodek. – Niemand kennt auch die Namen derer, die bei den militärischen Bewegungen vor oder zurück in ihren Katen und Dörfern überrollt und verwundet wurden und elend starben; die im eisigen Zugriff russischer Winter, im Inferno der Bombenangriffe, in den Todesschluchten der Flucht zu Wasser und zu Land dahingemäht, dahingesiecht, dahingesunken sind. Die Bilanz des Todes ist ungeheuerlich! Nicht eingefangen in die Zahlenkolonnen der Statistik sind die Leiden, die Ängste, die seelischen und körperlichen Qualen, die dem je eigenen Tod des einzelnen Menschen vorangegangen sind oder die er ausstehen mußte beim Anblick des Todes geliebter Menschen.

Das ganze Geschehen bleibt unvorstellbar; es wird, so meine ich, um so unvorstellbarer, je mehr sich Geschichts- und Gesellschaftswissenschaft mit unendlicher Mühe in zahllosen kleinen und großen Untersuchungen bemühen, dem Geheimnis dieser spukhaften zwölf Jahre auf die Spur zu kommen, das irrationale Geschehen der Ratio zugänglich das Unbegreifliche begreiflich zu machen. Man hat es mit großer Akribie als Folge politischer Irrtümer, wirtschaftlicher Fehler, propagandistischer Leistungen oder Fehlleistungen erklärt, als Ergebnis falscher Entwicklungen, emotionaler Abhängigkeiten, nationaler Imponderabilien und historisch, philosophisch oder psychologisch festgezurrter Weichenstellungen.

Aber das Einzigartige dieser Zeit, das unverhüllt Dämonische, das abgründig Böse kommt so nicht in den Griff! Alle wie immer angelegten Untersuchungen hinterlassen einen nicht reduzierbaren Rest von Übermaß an Bösem, der sich nur noch selbst erklären kann, d.h. man muss ihn als solchen zur Kenntnis nehmen und darf ihn keinesfalls – weil er sachlich überflüssig sei – als unwesentlich aus der Betrachtung ausschließen. Was veranlasst den Starken, den, der schon fällt, auch noch zu treten, zu zertreten? Den, der schon am Leib und an der Seele verwundet ist, auch noch zu quälen, bevor man ihn umbringt? Den Wehrlosen, der nicht mehr kämpfen kann, ja, der nichts mehr hat, womit oder wofür er kämpfen könnte, Feigling zu nennen und ihn noch im Triumph zu töten?

Wo immer wir nationalsozialistischem Herrschaftswillen und Herrschaftsstil hinter den blutroten Kulissen fahnengeschmückter Propaganda begegnen, stoßen wir auf diesen rasenden Vernichtungswillen. Er kann nicht mit irgendwelchen sachlichen Zwängen oder Zwecken erklärt werden, sondern er muss uns je neu erschüttern und erschrecken als Niederschlag des Bösen, zu dem der Mensch fähig ist, das als Potential in ihm vorhanden ist und wirksam bleibt, auch wenn er lesen und schreiben kann, die Zehn Gebote kennt, weiß, wer Goethe ist, und behauptet, Beethoven zu lieben ... Das war und ist ja das Unbegreifliche, dass dieser Ausbruch des Bösen geschehen konnte, als der Stand unserer Allgemeinbildung in Deutschland hoch war, als das kulturelle Leben in unserem Lande zunehmend ein Angebot für alle wurde. Sicher müssen wir seitdem umdenken in bezug auf das, was Bildung ist, was Bildung vermag und ob dieser Ausdruck überhaupt noch angebracht ist, wenn er vom göttlichen Urbild nichts mehr weiß, ohne das es doch keine Bildung des Abbildes geben kann. Dieses Böse wirft eine geschichtstheologische und auch eine anthropologische Frage auf, sofern es nicht einfach geleugnet wird, wie es heute weithin geschieht. Dieses irrationale Böse hat sehr unterschiedliche Wirk- und Erscheinungsweisen. Die Tatsache, dass es sich heute – wenigstens in unserem Land – nicht mehr der brutalen, ideologisch sanktionierten Gewalt bedient, heißt nicht, dass es abgewirtschaftet hätte. Es gibt noch andere und vielleicht furchterregendere Weisen, ah der Zerstörung des Menschen zu arbeiten.

Was damals im hemmungslosen Herrschen-Wollen durch Vernichten zum Durchbruch kam, hat biblische Dimensionen. Kein anderes Buch spricht so wahr wie die Bibel, so anschaulich und zugleich abgründig von dem, „was im Menschen ist": von der Freiheit, Gutes zu wählen oder Böses, den Dienst im Reich Gottes oder das anmaßende Aufbegehren gegen Gott.

Die Wahrheit des Guten

Dieser kurze Aufriss darf nicht mißverstanden werden, als sollten schon alle jene zu anonymen Märtyrern gemacht werden, die irgendwie zwischen die Mühlsteine dieses weltweiten Gerichtes geraten waren. Dies muss nicht so sein. Wer ein Opfer des Bösen wurde, wird nicht schon dadurch ein Zeuge des Guten. Aber die anonymen Märtyrer waren in der Menge verborgen wie die Hefe im Teig, wie das Salz in der Speise, eingehüllt in die Anwesenheit des verborgenen Gottes und um seinetwillen Lichtträger bei hereinbrechender Finsternis.

Zeugnis

„Martyres non facit poena, sed causa" – Märtyrer wird man nicht durch das Leiden, sondern durch den Grund, um dessentwillen man leidet.

Diese knappe Definition des hl. Augustinus enthält als erstes Merkmal zur Begriffsbestimmung des Märtyrers den Hinweis auf das Leiden, das zu ihm gehört. Gemeint ist körperliches Leid; gemeint ist ferner, dass Zeugnis einem dieses Leid von anderen zugefügt wird. Beides soll bedacht werden.

Das Erste schließt eine ganz bestimmte Vorstellung des Verhältnisses von Leib und Geist ein, das heute durch zuviel Psychologie eher verdunkelt wird. Die Einheit von Geist und Leib ist derart, dass alles, was am anderen sichtbar ist, Auskunft gibt über das, was prinzipiell an ihm unsichtbar ist und bleibt: sein Geist, seine Seele, seine Gesinnung. Sie verleiblichen sich in jedem Blick und Wort, jeder Geste, jeder Bewegung, jeder Tat, bis hinein in die Verleiblichungen, die wir Kultur nennen. Umgekehrt wird der Geist, gebunden an den Leib, durch eben diese Bindung mit einbezogen in dessen Verwundbarkeit. Nicht, als ob es nicht eine eigene Verletzlichkeit des Geistes unabhängig von einer gleichzeitigen und direkten Betroffenheit des Leibes gäbe. Aber hier, wo es um das Leiden des Märtyrers geht, muss vom gewaltsamen physischen Leiden gesprochen werden und von seiner elementaren Bedeutung für den Menschen in seiner Personmitte.

Das Zweite offenbart ein grundsätzlich antagonistisches Verhältnis zwischen Menschen, das nicht aus ihm allein heraus erklärt oder überwunden werden könnte, sondern das prinzipiell mit den Gründen zusammenhängt, von denen her der Mensch lebt, auf die er sein Leben, mit seinem Leben setzt. Das Wort „Homo homini lupus est" – der Mensch ist dem Menschen ein Wolf – ist falsch, ungeachtet der unzähligen Male, an denen ein Mensch den anderen mit den Zähnen irgendeiner Gier zerreißt. Der eigentliche „Wolf ist der Götze, dem der Mensch dient: der Götze Macht, Ehre, Lust, Besitz, Sensation ... In jeglichem Tun des Menschen inkarniert sich Geist und im Geist das Bekenntnis, dass ihm die letzte Autonomie fehlt. Der Mensch kann mit seinem Tun einem Götzen dienen – er kann auch Gott dienen. In jedem Falle dient er.

Konfrontation mit dem Bösen

Aussicht auf physischen Schmerz erzeugt zuerst und vor allem Angst. Sie demoralisiert schneller und tiefergreifend als alles, was man einsetzen könnte, um moralischen Widerstand zu brechen. Die Nazis haben – wie alle diktatorischen Regimes – dieses Drohmittel vom ersten Tage ihrer Herrschaft an mit ebenso unerhörter wie unerwarteter Vehemenz und Konsequenz eingesetzt; wie man weiß, mit vollem Erfolg! Die Menschen sind vor ihren dröhnenden Marschtritten in ihre Häuser geflüchtet, oder sie sind mitmarschiert, mitgelaufen – sie sind so oder so ausgewichen.

Angst vor physischem Schmerz gilt diesem Schmerz selber; sie ist darüber hinaus Angst davor, durch den Schmerz von sich selbst getrennt zu werden; schließlich ist körperlicher Schmerz eine Vorform, eine Spielart des Todes. Von sich selbst getrennt zu werden hieße z. B. unter anderem getrennt zu werden von dem Willen, den Schmerz auszuhalten, durch zu großen Schmerz zum Verrat an seinen sittlichen Grundsätzen gereizt zu werden, so dass die Versuchung aufsteigt, zum Mörder dessen zu werden der mich quält. Für die Märtyrer des Dritten Reiches die im Zusammenhang mit dem 20. Juli verhaftet und vielfältiger Folter ausgeliefert wurden, war vor jedem neuen Verhör die größte Angst die, durch die Schmerzen zur Preisgabe der Namen ihrer Freunde verführt zu werden, nur um der Pein zu entkommen. Zum Märtyrer gehört dass er zu widerstehen vermag und damit in die Schusslinie jenes Vernichtungswillens gerät, von dem die Rede war.

Die Begegnung mit dieser Gestalt des Bösen gehört in die Definition des Märtyrers, weil nur sie jene existentielle Angst erzeugt, die mit letzter Unerbittlichkeit zum Bekenntnis des Geistes herausfordert, in wessen Dienst sein Leben steht, auf welchem Grund es gebaut ist. Viele, zu viele haben – nicht ohne Bitterkeit – erfahren dass sie auf Sand gebaut hatten. Um so bewundernswerter sind jene, die in den Augenblicken, Tagen. Wochen äußerster Herausforderung das, was die Nazis eigentlich treffen wollten: den sich empörenden Geist, sich erhielten, schützten, unverletzt bewahrten, indem sie den in Angst aufbegehrenden Leib dahingaben zum Zeugnis für den Vorrang von Geist und Gesinnung vor den Ansprüchen physischen Überlebens.
Man darf sich dieses Zeugnis nicht einfach vorstellen. Der, Mut der hier gefordert wird, hat eine ganz andere innere Struktur und Qualität als z. B. der Mut eines Astronauten oder eines Bergsteigers. Das Widrige mit dem diese zu kämpfen haben, ist apersonal. Es stellt die grundsätzliche Überlegenheit, die prinzipielle Ranghöhe der eigenen Existenz nicht in Frage.

Anders, wenn man zum Objekt des Hasses, der Verachtung, der brutalen Auslassung böser Überlegenheit wird. Die innere Kränkung, die Verletzung der Selbstachtung, der Empfindung von Wert, Würde Grenze, die Erfahrung innerer und äußerer Ohnmacht sind vernichtend. Gegen dieses alles wehrt sich ein tief sitzender Selbsterhaltungswille, der an allen ethischen Maßstäben vorbeidrängt und Böses mit Bösem vergelten möchte. Standhalten inmitten dieses vom Unrecht entfesselten Sturms macht den eigentlichen Starkmut des Märtyrers aus. Keiner hat ihn am ersten Tage. Es braucht nach Aussagen aller, die dergleichen durchgestanden haben, vor allem Demut und einen je tiefer ansetzenden Glauben. Ein Geistlicher, der Opfer eines solchen Folterverhörs geworden war, erzählte, dass ihm erst nach Tagen inneren Vernichtetseins der erste Aufblick zu Gott, das erste Gebet im Glauben wieder möglich gewesen sei – eine Erfahrung, die ihn tief erschreckt und mit heiliger Furcht um die Gnade des Glaubens erfüllt hatte. Ein anderer kam als moralisch gebrochener Mann aus seinem Verhör, weil er schon nach dem Anlegen der ersten Daumenschrauben verraten hatte, was man von ihm wissen wollte.

Bekenntnis zur Wahrheit

Dass Leid und Tod Zeugnischarakter haben, haben die Menschen immer gewusst. Immer haben sie gewusst, dass leben, richtig leben eine todernste Angelegenheit ist. Verhüllt oder offen stellt jedes Leben auch ein Bekenntnis dar zu einem Wofür. Dieses entzieht sich im Einzelfall vielleicht der satzhaften Aussage; dennoch bildet es die geheime Lichtquelle, den verborgenen Wert- und Sinngrund, der den inneren Zusammenhang und Zusammenhalt aller einzelnen Akte, in denen sich Leben vollzieht, garantiert.

Wenn Leiden allein schon zum Märtyrer machte, wäre deren Zahl Legion. Aber schon die Bibel belehrt uns, dass es unterschiedliche Formen des Unterganges gibt: Es gibt auch ein Zertretenwerden, weil das Salz schal geworden ist (vgl. Mt 5,13). Würde es andererseits genügen, Zeugnis zu geben für seine eigene Überzeugung, dann wären die Nazis im Recht gewesen mit ihrer Märtyrerideologie aus der Kampfzeit, mit ihrer Heldenverehrung an der Feldherrnhalle. Wir heute mit unserem auf subjektive Echtheit verkürzten Wahrheitsbegriff neigen dazu, jeden, der zu seiner Meinung steht – und sei sie noch so verbohrt –, schon um dieser Treue willen zu bewundern. Aber dieses Zeugnis für sich selbst und den eigenen Starrsinn bleibt allzu fragwürdig wegen der gefährlichen Nähe zu geistigem Hochmut, der dem authentischen Zeugnis des Märtyrers radikal entgegengesetzt ist. Wir müssen darum der Frage nach der Beschaffenheit des Grundes, für den ein Märtyrer leidet und stirbt, etwas genauer nachgehen. Dabei werden wir auf Axiome christlicher Daseinsdeutung stoßen, die nicht mehr zum selbstverständlichen Allgemeingut gehören.

Der Grund für das Leiden des Märtyrers muss in der Wahrheit des christlichen Glaubens liegen – so der hl. Augustinus. Die Gläubigen des Alten Bundes haben gewusst, dass die Verehrung fremder Götter bereits Verrat an dem einen Gott Jahwe war, und es gibt unvergessene Zeugen für das Wissen um die Heiligkeit dieses einen Gottes, um die Heiligkeit auch der Beziehung zu ihm, die selbst den Schatten der Untreue nicht vertrug.

Durch die Menschwerdung Gottes in seinem Sohn Jesus Christus hat sich unser Gottesverhältnis verändert; die Möglichkeiten, ihn zu verehren, ihm zu dienen, haben sich verdichtet und vervielfältigt. Dies ist nicht nur eine Anspielung auf den Übergang vom einen Tempel in Jerusalem zu den vielen Altären unserer Kirche, sondern es soll mehr noch hinweisen auf die Inkarnation der göttlichen Wahrheit in das Mysterium Kirche. Im weitesten Radius ihres Selbstverständnisses umfasst sie auch jene Geringsten, von denen der Herr sagt, dass er in ihnen verborgen sei (vgl. Mt 25.40.45).

Identität von Glaube und Leben

Der Geist, der diesen Leib belebt, erhält dessen innere Einheit durch sein Wirken zugleich von oben und von unten:
„Von oben" soll heißen, dass die Herabkunft des Geistes sich je neu aktualisiert in der Verkündigung des Wortes, in der Spendung der Sakramente, in der Erfüllung des Liebesgebotes Christi, in der Ermutigung der Gläubigen, den Weg der Gebote Gottes und der Nachfolge Christi, der Seligpreisungen zu gehen ...

Derselbe Geist bewegt aber im gegebenen Augenblick gleichsam „von unten" das Herz eines einzelnen Menschen, sich selbst schützend, verteidigend, helfend, bekennend für ein konkretes Gut einzusetzen, indem er plötzlich die Identität von Glauben und Leben für sich aufleuchten und auf die Probe gestellt sieht. Konkret denke ich dabei z. B. an all jene, die Freiheit und Leben riskiert haben für die Verteidigung und Rettung ihrer christlichen oder jüdischen Freunde; oder an jene, die sich damals gedrängt fühlten, das überfällige Wort der Kirche, das päpstliche Rundschreiben „Mit brennender Sorge", heimlich zu vervielfältigen und unter die Gläubigen zu bringen; oder an jene Männer und Frauen, die sich weigerten, die ihnen zugewiesenen Kriegsgefangenen bei der Arbeit in bezug auf Nahrung, Kleidung, ärztliche Hilfe schlechter zu behandeln als ihre deutschen Landsleute. Viele von ihnen wurden deswegen als Saboteure in Haft genommen, aus der nur wenige lebend und keiner gesund wieder nach Hause kam. Ich denke an jene, die sich weigerten, die Verstecke ihrer Söhne oder Ehemänner preiszugeben, und dafür weggeschleppt wurden; an die Betreuer alter und kranker Menschen, die sich weigerten, die ihnen Anvertrauten den Vernichtungstrupps auszuliefern.

Ich denke an den elsässischen Verleger, der getreulich katholisches Schrifttum für deutsche Soldaten gedruckt hatte und dennoch – bzw. deswegen – anschließend von den französischen Kommunisten als Nazi gefangen und schließlich einem elenden Tode ausgeliefert wurde – oder an den Bauern in der Nähe von München, der für den flüchtigen Jesuiten-Provinzial auf seinem Hof ein Versteck bereitgehalten hatte, wofür er eines Tages mitsamt dem Provinzial und dessen Sekretär, mit seinen beiden Söhnen, dem Pfarrer des Ortes und dem Bürgermeister in Haft genommen wurde.

Es läuft immer auf dasselbe hinaus: An irgendeiner Stelle erkennt jemand plötzlich, dass nun der Augenblick gekommen ist, ungeachtet aller Folgen zu bekennen, dass er Christ ist, sich zum Gehorsam gegenüber Christi Gebot verpflichtet weiß, selbst um den Preis des eigenen Lebens.

Zum authentischen Martyrium gehört dieses In-eins-Fallen von göttlichem Gebot und tätigem, öffentlichem Bekenntnis, die Gleichzeitigkeit der Inkarnation des Geistes von oben und von unten. Dabei kommt unmißverständlich zweierlei heraus, das gleichermaßen konstitutiv ist für christliche Existenz: Zum Blutzeugnis für Christus wird man geführt – „ein anderer wird dich führen, wohin du nicht willst" (Joh 21,8) –; man kann es nicht planen, vorauskalkulieren. Und im Zeugnis selbst bezeugt sich Christus durch unser Leiden und Tun hindurch: „Haben sie mich verfolgt, so werden sie auch euch verfolgen ... sorget nicht ängstlich, alles wird euch eingegeben werden." (Joh 15,20; Mt 10,19)

Märtyrer, deren Selbstzeugnisse aus den letzten Tagen wir kennen, besingen und bekennen immer wieder dieses: dass sie in ihrer Not von Gott erkannt, heimgesucht, gestärkt und getragen wurden über die Grenzen ihrer eigenen Kraft hinaus, die ja oft nichts anderes war als weinende Schwäche. In diesem Gestärkt- und Getragenwerden offenbart sich eine Grundstruktur erlösten Daseins: Nicht mehr wir leben – Christus lebt in uns (vgl. Gal 2,20). Sie gilt nicht nur für den blutigen Ernstfall des Martyriums, sondern gehört in die Definition unseres Lebens als Christen aus dem Geheimnis der Taufe.

Bekenntnis als Kampf

Der christliche Glaube hat seine eigene Dynamik, die aus dem Sendungsauftrag Christi stammt: Er drängt in die Verkündigung, er drängt in die Öffentlichkeit! Diese Verkündigung löst jedoch vom ersten Tage an auch aggressiven Widerspruch aus, gegen den der Glaube verteidigt werden muss. Die sieghafte Verteidigung hat nicht selten die Gestalt der Niederlage, bevor ihre eigentliche Kraft sich durchsetzen kann.

Dieses Gesetz bestimmte schon das Leben und Wirken Christi, dieses Gesetz bestimmt auch das Leben und Wirken der Kirche: es muss auch unser Leben bestimmen. Dabei ist es prinzipiell unwichtig, ob die Mehrzahl der Menschen der Wahrheit des Glaubens zustimmt oder nicht. Das Evangelium warnt ausdrücklich davor, hinter jenen herzulaufen, die von dieser Botschaft nichts wissen wollen: Das harte Wort von den Perlen, die man nicht den Säuen vorwerfen soll (vgl. Mt 7,6), gehört hierhin.

Es gibt heute in der Kirche eine Neigung zur Anpassung an die Umwelt, die es erlaubt erscheinen lässt, auch den erklärten Gottesleugner als anonymen Christen zu vereinnahmen; es gibt eine neue Weltoffenheit, die es für einen erstrebenswerten Höhepunkt menschenfreundlicher Toleranz hält, sich mit dem Grad subjektiver Überzeugtheit als letztem Wahrheitskriterium zu begnügen; es gibt einen weltweiten Verbrüderungswillen, der es für das Gebot der Stunde hält, um des Friedens und der Einheit willen auf jegliche Form der Selbstbehauptung im Glauben und in der Wahrheit zu verzichten. Diese Art der Menschenfreundlichkeit suchen wir jedoch bei Jesus Christus vergebens. Dazu hat er sich zu deutlich als Eckstein gesetzt, an dem die Geister sich scheiden müssen. Sein Wort stiftet nicht nur Frieden und Eintracht, sondern dieser Friede, den er stiften will, bewirkt auch Widerspruch und Feindschaft (vgl. Mt 10,21 f. 34-36).

Dort, wo der Glaube nicht positiv in der Verkündigung stehen kann, da steht er notwendig in der Verteidigung – eine dritte, sozusagen neutrale Stellung kann er nicht einnehmen, kann man auch ihm gegenüber nicht einnehmen. „Wer nicht mit mir sammelt, der zerstreut." (Lk 11,23)

Aus dieser Kennzeichnung des Glaubens als Wahrheit, der widersprochen wird, ergibt sich, dass zum Glauben der Kampf um den Glauben und für den Glauben gehört. Ich weiß: Wer heute „Kampf“ sagt, wird gehört, als hätte er „Krieg" gesagt, und wer „Krieg" sagt, wird gehört, als hätte er atomare Vernichtung gemeint. Deswegen gibt es wohl heute – auch in der Kirche – eine Friedensliebe, die das Wort vom Kampf scheut, die Kampf als eine nicht zu christlicher Gesinnung passende Aktionsart ablehnt, ja, die erschrickt, wenn sie merkt, dass das Bekenntnis zu Christus ihr auch Feinde schafft. Aber wer so denkt, greift zu kurz mit seiner Vorstellung vom Drama unserer Heilsgeschichte: „Mors et vita duello conflixere mirando – Tod und Leben liegen miteinander in einem erstaunlichen Streit" (Osterhymnus)! Diese knappe Kennzeichnung christlichen Daseinsverständnisses ist gültig wie eh und je – vor 50 Jahren war sie uns außerdem geläufig.

Dieser im Unsichtbaren sich zutragende Kampf zwischen Tod und Leben weitete sich damals spürbar aus in eine neue geschichtliche Dimension hinein gemäß dem verborgenen Wachstum des Reiches Gottes in dieser Welt. Das Schlachtfeld der Auseinandersetzung – das eigentliche, kleine, scheinbar unbedeutende – liegt im Herzen jedes Gläubigen, in seinem Gemüt, seiner Seele, eben da, wo er über sein kleines oder großes Ja zu Gott und Seinem Willen entscheidet.

In der Nazi-Zeit blieb man nicht leicht unschuldig. Blieb man es in den Augen der Nazis, war man es kaum vor dem eigenen Gewissen – blieb man es vor dem eigenen Gewissen, gelang es kaum in den Augen der Nazis. Beim Vorbeigehen an einer offiziellen Pförtnerloge, einer Wache eben doch „Heil Hitler" sagen, bei öffentlichen Veranstaltungen doch die Fahne grüßen, Kompromisse machen, wenn nationale Interessen auf dem Spiele standen, jüdische Freunde und Geschäfte meiden, dem offenen Bekenntnis ausweichen, die politische Wirklichkeit oder die sittliche Selbstachtung durch schwarze Geschäfte mit Schiebern verraten, buhlen um Protektion von Mächtigen, Tarnung suchen hinter Zugeständnissen ... Es gab zahllose Weisen, sein Gewissen zu belasten, zu täuschen, zu beruhigen – Angst machte aus uns allen Feige, und der innere Gewissenskampf um das Erkennen der Grenze zwischen „politisch klug" und „moralisch verwerflich" kam nie zu Ende. Wann hatte man sie überschritten und dem gottlosen Führerkult eben doch das Weihrauchkörnchen gezollt, mit dem man zwar sein Leben rettete, aber seine Seele verlor? Die Tragik vieler Opfer dieser Zeit liegt darin, dass sie mit ihrem Leben für eine Unvorsichtigkeit büßen mussten und gerade nicht für ein Bekenntnis, das den Einsatz des Lebens wert gewesen wäre. Und für viele begann der Kampf ihres Gewissens erst, nachdem sich die Gefängnistür hinter ihnen geschlossen hatte. Was für eine „Wahrheitsliebe" war es, die dazu verleitet hatte, heimlich den englischen Rundfunk zu hören, wenn doch bekannt war, dass Todesstrafe darauf stand?

Dennoch: wir unterschätzen unsere Bedeutung im Reich Gottes, wenn wir meinen, uns heute von diesem Kampf dispensieren zu können, der ein Kampf „gegen die Mächte, gegen die Gewalten, gegen die Weltbewohner dieser Finsternis, gegen die bösen Geister in den Himmelshöhen" (Eph 6,12) ist. Er ist die dem Tageslicht abgewandte Seite unserer Nachfolge Christi. Dort liegen die Wurzeln – wer sie noch nicht für seinen Glauben entdeckt hat, wartet vergeblich auf dessen Früchte. Dabei betont das Evangelium in vielen Bildern und mit eindringlichen Worten des Herrn, von woher seinen Jungem Gefahr droht und wie ihre Anstrengungen aussehen müssen, um sich vor ihr zu schützen.

Der Kampf des Glaubenden um seinen Glauben ist immer auch Kampf um Treue gegenüber einem sittlichen Wert, in dem der Glaube sich manifestiert. Der Kampf richtet sich darum zuerst gegen die eigene Sünde, gegen das Unrecht, das im Innern aufsteigt, das von außen als Verführung naht, von innen als Versuchung zum Verrat. Es ist Kampf gegen den sinkenden Mut und die erliegende Hoffnung, Kampf um Wachheit des Knechtes, der seinen Herrn auch zur ungewohnten Stunde erwartet, gegen die Schwachheit des Fleisches, das uns – wie oft! – mit der Ausrede von zu großer Müdigkeit dem Werk, zu dem der Geist uns drängen möchte, entzieht! Im Kampf des Glaubens um den Glauben und für den Glauben ist das erste, worauf es ankommt, der Kampf um die Aufmerksamkeit und Bereitschaft von Geist und Herz zum Gehorsam gegen Gottes Wort und Willen. Er ist eine Grundübung christlicher Aszese. Was anders meint der Herr mit seinem Anruf: „Wachet und betet" (Mt 26,41)?

Eine solche Haltung improvisiert man nicht, man muss in ihr geübt sein. Sie würde ja auch nicht als punktueller Coup hier und jetzt genügen, um einen Menschen zum Zeugen zu machen, sondern in dieser Haltung muss er Stand gefaßt haben. Die auszeichnende Tugend des Märtyrers ist die Festigkeit im Widerstand gegen den Unglauben und gegen die schillernde Vielfalt seiner verführerischen Spielarten.

Der Grund zur Hoffnung

Nicht das Leiden macht den Märtyrer, sondern der Grund seines Leidens. Dieser muss, um zu überzeugen, gedeckt sein von der Wahrheit der Offenbarung. Der Zeuge muss zudem kämpfend – das heißt nicht: angreifend, wohl aber: verteidigend und jeder Verleugnung widerstehend – für dieses ihm anvertraute Glaubensgut christlichen Lebens eintreten. Dieses Eintreten muss schließlich in Hoffnung geschehen. Sie ist letztlich die Kraft, die bestehen lässt.

Für unzählige Menschen schwand mit dem Beginn der Nazi-Zeit, mit der Ausweitung nationalsozialistischer Macht jede Aussicht auf Erfüllung dessen, was sie bis dahin zu Recht für ihre Zukunft erwartet hatten. Ihr Leben wurde gezeichnet von Verzicht und Verlust, so dass es seine menschliche Vollgestalt nie mehr erreichen konnte.

Das gilt, wie wir alle wissen, in nicht auszudenkendem Maße für die Juden, denen das furchtbare Los zugefallen war, im Machtbereich Adolf Hitlers geboren worden zu sein. Es gilt darüber hinaus für alle, die in aktivem oder passivem Widerstand versuchten, dem Unheil Einhalt zu gebieten; insbesondere für jene zahllosen tapferen Frauen und Familien, die das Schicksal ihrer Männer und Söhne – unter Umständen über Jahre hinweg! – in ihrem vergeblichen Kampf gegen das verbrecherische Regime begleitet haben. Sie haben leidenschaftlich mit ihren Männern gekämpft, haben für sie gekämpft, haben mit ihnen und um sie gezittert und haben vor allem in der Stunde der Gefahr, der Verfolgung, des Todes mit der ganzen Kraft ihres Herzens deren Hoffnung auf einen gerechten Richter geteilt, vor dem ihr Leben bestehen konnte, das von den Menschen verworfen wurde. – Es ist unter Umständen schmerzlicher, nicht selbst das Opfer zu sein, sondern nur danebenzustehen. Die Kirche hat davon immer gewusst. Gewiss, Christus ist der Märtyrer schlechthin; aber seine Mutter, die

„nur" unter dem Kreuz stand und nicht selber daran hing, verehren wir als Königin der Märtyrer.

Die große Versuchung gegen die Hoffnung ist die Bitterkeit; sie wiederum ist die Versuchung der Gerechten. Wer Unrecht. Schaden, Nachteile auf sich nehmen muss als Quittung für das Unrecht, das er selber im Kampf um die Macht beging, entdeckt in diesem Zusammenhang ein Korn Gerechtigkeit, das ihn die Folgen unbekümmerter tragen lässt als jenen, dem Unrecht geschieht, weil er Recht tat in Gottes Namen! Für diesen wird die Versuchung, an Gott zu zweifeln und gegen ihn zu hadern, riesengroß. Die alte Hiobsklage ist in den schrecklichen Jahren tausendfach gegen den verschlossenen Himmel aufgestiegen.

Dennoch sollte, so scheint mir, die Frage nicht lauten: Worauf hoffen wir? Sondern: Was ist der Grund, der uns hoffen lässt? Aufgrund von wem oder was haben wir überhaupt Hoffnung?

In unserer Menschheitsgeschichte gibt es ein einziges Ereignis, das wahrhaft weltüberwindende, welterneuernde Kraft bewiesen hat: Tod und Auferstehung Jesu Christi! Ihm ist vorgelagert die Stunde der Todesfurcht im Ölgarten ...

Es gibt unendlich verschiedene Grade und Schattierungen, in denen die Teilhabe an der Agonie von Gethsemani unter uns gegenwärtig war und ist, aber: dass der Klageruf sich an den Vater wendet, bewahrt vor Verzweiflung; die Bitte um Erfüllung Seines Willens ist die letzte Gestalt der Hoffnung angesichts des Todes.

Die Anonymität des Zeugnisses

Mehr und mehr wird die Anonymität ein Merkmal unseres zu Ende gehenden Jahrhunderts, das doch an seinem Beginn den Kampf für Freiheit und Würde des Individuums so mutig auf seine Fahnen geschrieben hatte. Die Nazi-Zeit hat uns ein Erbe hinterlassen, das eine besondere Herausforderung an uns Christen darstellt. Wir müssen Antwort geben.

In der Nazi-Zeit hatte die Anonymität verschiedene Ursprünge und auch unterschiedliche Grade. Die große allgemeine Entindividualisierung, deren sichtbarer Ausdruck die durchgehende Uniformierung war geschah unter Berufung auf die Volksgemeinschaft als einem Wert von absolutem Rang, vor dem der einzelne nichts mehr galt. Neben ihr entwickelte sich eine frei gewählte Anonymität: Der einzelne wollte namenlos bleiben für seine Umgebung aus Angst vor ihr. Viele Menschen haben diesen Weg der inneren Emigration gewählt. Manche sind innerlich darin umgekommen, weil auch der Verrat am Geist sein Maß hat; wird dieses überschritten, zerstört er sich selbst. In den großen Sammellagern gab es darüber hinaus eine echte Namenlosigkeit. Kaum einer wusste vom anderen, wie er hieß, wer er war, und ich bezweifle, dass man in den Schreibstuben es wusste. Ich denke, dass zahllose Menschen, ohne dass noch irgendwo irgend etwas von ihnen Kunde gab, in diesen Lagern zugrunde gingen – unbekannt, unbemerkt, unbeweint, unbeerdigt. Ihr Tod löste nicht das kleinste Echo aus; in vielen Fällen war er noch nicht einmal eine Nachricht wert, weil man weder den Namen des Toten noch eine Adresse zu ihm gehörender Überlebender wusste. Anonymes Sterben ging vor sich, wie wir es sonst nur aus Naturkatastrophen kennen.

Schließlich gab es eine Anonymität, die von den Nazis bewusst erzeugt wurde, und sie trifft eigentlich ins Herz: das Verschweigen, Verschwinden-lassen von Personen, die Verweigerung jeder Auskunft, jeder Zeugenschaft, jedes Kontaktes mit Familie, Freunden, Anhängern ... Heroismus in Verhören hinter Schloss und Riegel war dadurch von vornherein entwertet: Da er keine Zeugen hatte, konnte auch niemand die Richtigkeit dessen überprüfen, was später als Ergebnis dieser geheimen Vernehmung der Öffentlichkeit mitgeteilt wurde. Wie vielen ist da der letzte Hohn gesprochen, die letzte Ehre genommen, der letzte Verrat unterschoben worden! Dieses rechtlose und gewaltsame Namenlos-gemacht-werden, die Zerstörung der geistigen Identität dieser Person mit ihrer letzten Selbstaussage, ihrem letzten Selbstzeugnis, das ist der höchste Grad geistig-personaler Enteignung, kaum, mehr zu unterscheiden von jener, für die chemische Medikamente eingesetzt werden.

Die Verurteilten selbst ahnten wohl dieses Schicksal mehr, ohne dass ihnen die Tragweite bewusst wurde. Sie erfuhren die stumme Finsternis ihrer Verlassenheit als Hölle und darin ein Kennzeichen dieses Jahrhunderts am eigenen Leibe, von dem wir heute mit Entsetzen begreifen, wie zukunftweisend es war!

Wer in solchen Stunden nicht glauben konnte – und wenn auch nur mit letzter Kraft –, dass es über allem doch einen hörenden, gegenwärtigen, gerechten Gott gibt, der hielt schwerlich durch. In den meisten Zeugnissen, die wir kennen, geht vom Gedanken an diesen unsichtbaren, aber ganz gegenwärtigen Zeugen Kraft aus, tragende Kraft, die half, das Zeugnis durchzustehen.

In einem Jahrhundert millionenfachen Sterbens wird der Tod des einzelnen verschlungen vom sinnlosen Auf und Ab der Geschichte. Romano Guardini erwägt in seinem Buch „Die Existenz des Christen", „ob nicht seit einiger Zeit – schwer zu sagen, seit wann – etwas vor sich gegangen ist, das man nur als eine Kapitulation vor dem Tod" bezeichnen kann?..

Ein Nachlassen des Aufbegehrens gegen den Tod, das mit einer Schwächung des Gefühls für das Personale, für die Ehre und Würde des Menschen zusammengeht; ein Vorgang, der mit der Massenhaftigkeit des menschlichen Daseins einerseits und mit der technischen Rationalisierung andererseits zusammenhängen muss". Ich möchte hinzufügen: und mit der aus dem Marxismus stammenden Verabsolutierung von Geschichte, Welt und Gesellschaft – ihnen gegenüber zählt ebenfalls der einzelne nicht. Der Märtyrer allein durchbricht alle weltimmanente Geschichtsdeutung und erteilt ihr eine klare Absage. Sein um Christi willen gewähltes Sterben ist ja gerade ein Aufbegehren gegen seine Vereinnahmung durch eine totalitäre Ideologie, sei sie gebildet um den Begriff Volk, Staat, Gesellschaft. Fortschritt, Sozialismus oder welchen Begriff auch immer.

Im Märtyrer kommt die Kategorie des Personalen zu Wort und meldet ihren Anspruch an auf unbedingten Vorrang vor allen anderen Kategorien: Im Märtyrer begehrt der einzelne im Namen seines unverlierbaren Rechtes auf seine eigene Freiheit und Wahrheit in Gott auf gegen jede andere Gesetzesmäßigkeit, die sich an Gottes Stelle setzen will, und wird so selbst zum eschatologischen Zeichen.

Diese Kategorie des Personalen ist heute bedroht von innen und von außen – das Phänomen der Anonymität ist nur ein Symptom, und zwar ein sehr alarmierendes, für diese bedrohliche Entwicklung. Denn mit dem Personalen ist unmittelbar das Geschaffensein aufgerufen, und beides zusammen mündet in die Gottesfrage. Da letztere seit langem aus dem öffentlichen Bewusstsein ausgeklammert ist, kann es nicht verwundern, dass sich das Wissen um das, was der Mensch ist, langsam verändert, verflacht, verkürzt: Er verliert Gesicht und Namen, und im Zusammenhang damit verliert sein Leben an Sinn und Gewicht.

Wir müssen diese Frage nach dem Menschen als des auf Gott bezogenen Wesens – sie ist aber nichts anderes als die Frage nach dem Menschen als Person – im Zusammenhang mit der Frage nach der Wahrheit sehen. Der Märtyrer ist Zeuge für die Wahrheit. Sie ist das Absolute, auf das der Geist des Menschen bezogen ist; sie ist der Titel, unter dem der erkennende Geist nach Gott fragt. Wird er ihr gegenüber gleichgültig, hat er für sie nur noch das Achselzucken des Pilatus übrig, wird er auch handeln wie Pilatus: seine Hände in Unschuld waschen und dem Unrecht freien Lauf geben. Das ist dann die vollkommene Gestalt der Lüge.

Vor ihr bewahrt uns auch die Liebe nicht, wenn sie nicht zuerst und vor allem Liebe zur Wahrheit ist – ist sie das nicht, hört sie auf, in Wahrheit Liebe zu sein. Denn: Nicht der Liebe, sondern der Wahrheit fügt Christus die Verheißung hinzu, dass sie ans Licht führt, dass sie uns freimachen werde (vgl. Joh 8,32). Er selber starb nicht wegen eines seiner guten Werke, sondern für den Anspruch, den er stellte: der zu sein, der Er ist.

Sich vom Licht und der Kraft dieses Anspruchs neu überzeugen zu lassen, macht erst den Menschen zum Christen, der nun Christi Zeuge sein kann.

Vita Isa Vermehren

1918 **21. April**
in Lübeck geboren. Tochter des Rechtsanwaltes Kurt Vermehren und seiner Frau, der Journalistin Petra, geb. Schwarbroch. Brüder Michael (1915) und Erich (1919).

1933 Schulverweis wegen Nichtgrüßens der Hakenkreuzfahne. Mit der Mutter nach Berlin.

1933-1935
Auftritt mit ihrer Ziehharmonika im politischen Kabarett „Katakombe“ von Heinrich Finck bis zur Schließung.

1935-1941
Mitwirkung in verschiedenen Filmen. Zahlreiche Schallplatten.

1938 Aufnahme in die katholische Kirche.

1939 Abitur in der Abendschule.

1940-1942
Kulturelle Wehrmachtsbetreuung in Norwegen, Frankreich, Italien und an der russischen Front.

1944 **27. Januar**
Michael Vermehren und Frau fliehen von der deutschen Botschaft in Ankara nach Ägypten.
10. Februar
Vorladung der Familie zur Geheimen Staatspolizei.
16. Februar
Kurt und Petra Vermehren sowie Isa und Michael werden in „Sippenhaft“ genommen. Hausarrest im Palasthotel in Potsdam.
15. April
Kurt, Petra und Michael Vermehren im KZ Sachsenhausen.
17. April
Isa Vermehren im Zellenbau des Frauen-KZ Ravensbrück. Kurze Zeit ohne Häflingsnummer und -kleidung im Lager in Block 1. Neuneinhalb Monate in Ravensbrück.

1945 **3. Februar**
mit weiteren Sonderhäftlingen von Ravensbrück in das Polizeigefängnis in Potsdam.
27. März
mit dem Zug nach Weimar. Zweistündiger Marsch zum KZ Buchenwald. Zusammentreffen mit weiteren Sippenhäftlingen.
3. April
Konvoi mit 50 Sonderhäftlingen über Regensburg nach Schönberg (Bayerischer Wald). Unterbringung in einer Schule.
16. April
Transport zum KZ Dachau. Unterbringung im Dachauer SS-Lazarett.
26. April
Evakuierung Richtung Süden.
27. April
Ankunft in Innsbruck. Zusammentreffen mit weiteren Sonderhäftlingen. Am Abend Weiterfahrt über den Brenner nach Niederdorf im Hochpustertal, Verlegung in das Hotel Pragser Wildsee.
4. Mai
Befreiung durch die amerikanischen Truppen
8. Mai
nach Verona, dann mit dem Flugzeug zum amerikanischen Hauptquartier nach Neapel.
9. Mai
Weiterleitung nach Capri. Nach vier Wochen mit dem Flugzeug nach Paris.
15. Juni
mit dem Flugzeug nach Frankfurt.
28. Juni
mit dem Lastwagen nach Lübeck.
29. Juni
Ankunft zu Hause.
1. November
Das Manuskript „Reise durch den letzten Akt“ ist fertiggestellt.

1946 **Anfang April**
„Reise durch den letzten Akt“ erscheint im Christian Wegener Verlag in einer Auflage von 10.000 Exemplaren.

1946-1951
Studium an der Universität Bonn: Theologie, Deutsch, Englisch, Geschichte und Philosophie.

1947 Mitwirkung im Film „In jenen Tagen“ von Helmut Käutner.

1951 **15. September**
Eintritt bei den Sacré Coeur-Schwestern in Bonn-Pützchen.

1961-1969
Schulleiterin des St. Adelheid-Gymnasiums in Bonn-Pützchen.

1969-1983
Schulleiterin der Sophie-Barat-Schule in Hamburg.

1983 Sr. Isa Vermehren rcjs lebt seit ihrer Pensionierung in Bonn.

1983-1995
Im Wechsel mit anderen Autoren und Autorinnen in der ARD „Das Wort zum Sonntag“.

2003 Predigtpreis des Verlages Deutsche Wirtschaft AG an Sr. Isa Vermehren für ihr Lebenswerk.

2008 21. April Vollendung des 90. Lebensjahres.

In zahlreichen Vorträgen, Artikeln und Publikationen nahm Isa Vermehren Stellung zu Fragen des Christseins, zur Erziehung junger Menschen, zum Auftrag der Kirche und zur Zeitgeschichte.

Quellen

Von Ravensbrück bis Niederdorf

1. Publikation 1946 / Neuausgabe 1979

2. Vortrag am 21. Juli 1992 in der St. Hedwigskirche in Fürstenberg. Veröffentlicht in: Katholische Bildung 94. Jg., April 1993 / Veröffentlicht in: Gesang aus dem Feuerofen. Frauen-KZ Ravensbrück, Annweiler 2002, S. 143-153

3. 1995 Text zum Gottesdienst aus Anlass des 50. Jahrestages der Befreiung des Lagers

4. Vortrag in der Katholischen Akademie „Die Wolfsburg", Mülheim/ Ruhr, 27. Januar und 2. April 1998, fragmentarisches Manuskript von 4 Seiten

5. Diesen Text übersandte Schwester Isa Vermehren am 20. August 2007 per Fax Hans-Günter Richardi, dersie am 13. August 2007 am Telefon um diesen Beitrag für die ersten „ZeitgeschichtsTage Pragser Wildsee" gebeten hatte.

Bleibende Bedeutung des 20. Juli

6. Beitrag zum 20. Juli 1984 für Katholische Nachrichten Agentur (KNA)

7. Reden einlässlich des 80. Geburtstages im Kaisersaal des Hambur ger Rathauses am 11. III. 1987. Herausgegeben vom Senat der Freien und Hansestadt Hamburg. Schlussrede von Sr. Isa Vermehren, S. 26ff

8. Die Frau in unserer Zeit, Wesseling, Heft 4/87, 4. Vierteljahr, S. 8 ff.

9. 1. Hg. Gedenkstätte Deutscher Widerstand 2006. /
   2. Die Tagespost vom 20.07.2006

Vorbilder und Märtyrer

10. Vortrag am 5. März 1987 in der St. Lambertikirche in Münster/ W. aus Anlass der Edith-Stein-Wallfahrt des Katholischen Deutschen Frauenbundes nach Münster. Veröffentlichung: Edth Stein – Botschaft Gottes in die Zeit, Annweiler 1987

11. Erstveröffentlichung in: GEIST UND LEBEN, Mai/ Juni 1984, 57. Jahrgang, Heft 3, S. 200-214.

12. Film von Irmgard von zur Mühlen „Die Frauen des 20. Juli", Chronos-Film 1985

Medienhinweise in Auswahl

Isa Vermehren: Reise durch den letzten Akt. Ravensbrück, Buchenwald, Dachau. Eine Frau berichtet. rororo Taschenbuch, Hamburg 2005

Mathias Wegner: Ein weites Herz. Die zwei Leben der Isa Vermehren, München 2003

Hans-Günter Richardi: SS-Geiseln in der Alpenfestung, Bozen 2006

Bibliographie Isa Vermehren: zusammengestellt von Peter Weinmann kasfbonn@t-online.de

Bibliographie Isa Vermehren: www.fachportal-paedagogik.de

CD Isa Vermehren: „Windstärke 12“ Seemannslieder und Balladen. duo-phon-records 2002

CD Hörbuch: Isa Vermehren, „Ich bin nicht immer laut“ – Vom Kabarett ins Kloster. Der lange Weg der Isa Vermehren. duo-phon-records 2005

Film von Helmut Käutner. „In jenen Tagen“ 1947. Als DVD 2006 ARTHAUS

Veröffentlichungen zu „Frauen im Widerstehen“
herausgegeben von Anne Mohr und Elisabeth Prégardier

De Profundis Clamavi. Gedichte von Maria Rutkowska-Kurcyuszowa.
Zweisprachig: Polnisch und Deutsch.
88 S. / € 6,80 / ISBN 978-3-89857-066-4

Gott ist überall. Gertraud Kempken (1903-1976)
Tagebuch einer Internierung.
116 S. / € 9,80 / ISBN 978-3-89857-63-3

Elf Frauen. Leben in Wahrheit. Margita Schwalbová.
Eine Ärztin berichtet aus Auschwitz Birkenau und Ravensbrück 1942-1945
120 S. / € 9,80 / ISBN 978-3-89857-84-8

Briefe nach Radibor. Maria Grollmuß (1886-1944). Aus dem Zuchthaus Waldheim und dem Konzentrationslager Ravensbrück von 1935-1944
200 S. / € 12,80 / ISBN 978-3-89857-69-5

Eva Salier. Tagebuch einer Koblenzer Jüdin. Fahrt durch die Hölle
Übersetzt aus dem Amerikanischen: Lilo Heine.
192 S. / € 9,80 / ISBN 978-3-89857-146-3

Der gesegnete Abgrund. Nanda Herbermann (1903-1979)
Schutzhäftling Nr. 6582 im Frauenkonzentrationslager Ravensbrück
210 S. / € 9,80 / ISBN 978-3-89857-094-7

Gesang aus dem Feuerofen. Frauen KZ Ravensbrück 1939-1945. Beiträge u.a. von Felixina Armbruster, Angela Autsch, Maria Husemann, Gisela Helbing, Placida Laubhardt, Käte Mangold, Lucie Bub, Isa Vermehren
180 S. / € 9,80 / ISBN 978-3-89857-068-8

Deportiert nach Ravensbrück. Lucia Schmidt-Fels (1908-1981).
Bericht einer Zeugin
Hg. in Zusammenarbeit mit Eva u. Rudolf Dehnen, Eva Pankok.
168 S. / € 9,80 / ISBN 978-3-89857-147-0

Im Schnittpunkt des Kreuzes. Helene Vetter (1905-1995).
Eine Ordensfrau erlebt Ravensbrück.
Hg. in Zusammenarbeit mit den Kreuzschwestern von Hegne.
128 S. / € 9,80 / ISBN 978-3-89857-159-3

Passion im August. 2. bis 9. August 1942.
Edith Stein und Gefährtinnen: Weg in Tod und Auferstehung
336 S. / über 100 Abb. / € 18,80 / ISBN 978-3-89857-067-1

Marianne Hapig: Tagebuch und Erinnerung.
Die Frauen des 20. Juli / Pater Alfred Delp SJ
143 S. / € 14,80 / ISBN 978-3-89857-225-5

„Vater, wohin gehst du?" Familienschicksale im Widerstand.
140 S. / € 14,80 / ISBN 978-3-89857-247-7

Alle Publikationen:
PLÖGER MEDIEN GMBH
Altes Schulhaus Gräfenhausen
D-76855 Annweiler
www.ploeger-medien.de

Weiterführende Seiten im Internet:

www.widerstand-christlicher-frauen.de

www.edith-stein-medien.de